SPRACHWISSENSCHAFTLICHE
STUDIENBÜCHER

OTTO SCHÖNBERGER

Lateinische Phraseologie

Sechste, unveränderte Auflage

Universitätsverlag
WINTER
Heidelberg

Bibliografische Information der Deutschen Nationalbibliothek
Die Deutsche Nationalbibliothek verzeichnet diese Publikation
in der Deutschen Nationalbibliografie;
detaillierte bibliografische Daten sind im Internet
über *http://dnb.d-nb.de* abrufbar.

ISBN 978-3-8253-5334-6
6. Auflage

Dieses Werk einschließlich aller seiner Teile ist urheberrechtlich geschützt. Jede
Verwertung außerhalb der engen Grenzen des Urheberrechtsgesetzes ist ohne
Zustimmung des Verlages unzulässig und strafbar. Das gilt insbesondere für
Vervielfältigungen, Übersetzungen, Mikroverfilmungen und die Einspeicherung
und Verarbeitung in elektronischen Systemen.

© 2011 Universitätsverlag Winter GmbH Heidelberg
© 1955, 1958, 1963, 1979, 2007 Carl Winter Universitätsverlag, gegr.1822, GmbH.,
Heidelberg
Imprimé en Allemagne · Printed in Germany
Druck: Memminger MedienCentrum, 87700 Memmingen
Gedruckt auf umweltfreundlichem, chlorfrei gebleichtem
und alterungsbeständigem Papier

Den Verlag erreichen Sie im Internet unter:
www.winter-verlag.de

Vorwort

Jeder Student sollte sich einen „Thesaurus locutionum" anlegen, in den er schöne und treffende Wendungen und „Phrasen" aus gelesenen Klassikern einträgt. Hat man es sich einmal zur Gewohnheit gemacht, während des Lesens auch auf die stilistische Form und Gestaltungskraft seines Autors zu achten und sich besonders eindrucksvolle Stellen einzuprägen oder zu notieren, wird man nach kurzer Zeit den Segen solchen Hinhörens verspüren: die Fähigkeit zum eigenen Produzieren wird erhöht, und außerdem liest man auch verständnisvoller und hellhöriger. So ist ein sicherer Besitz lateinischer „Phrasen" nicht nur ein notwendiges Rüstzeug für die schriftliche Arbeit im Staatsexamen und das Übersetzen von Texten an der Schule, sondern er erhöht auch das Stilgefühl und verhilft zu tieferem Eindringen in römisches Gestalten.

Unsere Phraseologie ist auf der Grundlage des „Locutionum Latinarum Thesaurus" von H. Probst (5. Aufl., Köln 1878) erwachsen, verdankt auch einiges den Sammlungen von Schmidt, Wickert und Meißner. Die lateinischen Wendungen sind in der Hauptsache selbstverständlich der klassischen Latinität entnommen, allerdings ohne Engherzigkeit. Auf den deutschen Ausdruck ist besonderer Wert gelegt, um das berüchtigte „Übersetzungsdeutsch" zu vermeiden. Hoffentlich ermöglicht unsere Arbeit dem Benützer eine wirklich lebendige, fruchtbare Begegnung mit seiner Muttersprache *und* mit der Fremdsprache.

Das vorliegende Heft bildet aber nur einen Grundstock der notwendigsten und gebräuchlichsten Wendungen. Wessen Mittel es erlauben, soll es sich mit Schreibpapier durchschießen lassen und selbst Nachträge machen. Wer einmal eine Schrift von Cicero auch in dieser Hinsicht mit der Feder in der Hand gelesen hat, wird bald merken, daß seine Mühe nicht vergeblich war.

Um jede Unklarheit zu vermeiden, habe ich im lateinischen und im deutschen Text zwischen zwei Phrasen, die gleichwertig sind, ein Komma gesetzt, bei mehr als zwei gleichberechtigten Ausdrücken nach dem zweiten und allen weiteren einen Strichpunkt. Wenn nach einem Wort ein zweites Wort in Klammern nachgetragen wird, bedeutet das, daß durch das eingeklammerte Wort *nur* das unmittelbar vor der Klammer stehende Wort, nicht etwa der ganze vorhergehende Ausdruck ersetzt werden kann.

O. Schönberger

Inhalt

1. Gott · Religion und Kult · Schöpfung · Welt   9
   1. Gott 9 — 2. Religion und Kult 9 — 3. Schöpfung und Welt 10
2. Die Elemente, Raum und Zeit   11
   1. Die Erde 11 — 2. Das Meer 11 — 3. Bewegung und Ausdehnung im Raum 11 — 4. Weg und Straße 13 — 5. Feuer, Luft und Wasser 13 — 6. Die Zeit 14 — 7. Tag und Nacht 15
3. Der Mensch   17
   1. Geburt, Leben und Lebensalter 17
   2. Teile und Tätigkeiten des Körpers 20
      a) Teile des Körpers 20 — b) Hand und Fuß 20 — c) Hals und Kopf 22 — d) Das Auge 23 — e) Schlaf · Weinen 25 — f) Das Ohr 25 — g) Sinneseindrücke 26
   3. Körperliche Tätigkeiten und Zustände 26
   Gesundheit und Krankheit 27
4. Lebenskräfte   29
   1. Anlaß und Anfang 29 — 2. Entwicklung, Folge, Wirkung 29 — 3. Gelegenheit, Lage, Möglichkeit 30 — 4. Glück und Vorteil 32 — 5. Unglück und Nachteil 34 — 6. Entscheidung, Verfall, Untergang 36
5. Entschluß und Vorsatz · Arbeit und Erholung   38
   1. Zweck, Absicht und Beginn 38 — 2. Entschluß, Grundsatz, Willen 39 — 3. Aufgabe, Beruf, Lebensrichtung 40 — 4. Anstrengung und Arbeit 42 — 5. Ende der Tätigkeit, Erholung und Vergnügen 43
6. Geist, Verstand, Vernunft · Irrtum und Wahrheit   45
   1. Der Geist, seine Eigenschaften und Tätigkeiten 45 — 2. Gedächtnis, Erinnerung 49 — 3. Ansicht, Meinung, Urteil 50 — 4. Irrtum, Widerspruch, Zweifel 51 — 5. Wahrheit und Wirklichkeit 52
7. Bildung und Erziehung · Rede und Schrift · Kunst und Wissenschaft   53
   1. Bildung, Erziehung, Gelehrsamkeit 53 — 2. Unterricht und Schule 55 — 3. Wort und Ausdruck 56 — 4. Redner, Rede, Stil und Vortrag 57 — 5. Behandlung eines Themas 59 — 6. Beweisführung 60 — 7. Geschichte und Geschichtsschreibung 62 — 8. Naturwissenschaft 64 — 9. Kunst und Dichtung 64 — 10. Philosophie 65

8. Maß, Wert, Urteil · Gunst und Haß · Lob und Tadel, Ruhm und Schande · Bitte und Dank · Rat und Hilfe · Trost und Vertrauen ... 69

   1. Maß und Wert 69 — 2. Wertung, Meinung und Urteil 70 — 3. Gunst, Wohlwollen, Teilnahme 71 — 4. Mißgunst, Zwang und Drohung 73 — 5. Schonung, Rettung, Verzeihung 75 — 6. Lob und Tadel 76 — 7. Ruhm, Ehre und Rang 78 — 8. Verachtung und Schande 81 — 9. Bitte, Dank und Lohn 82 — 10. Rat, Hilfe und Hilfsmittel 83 — 11. Nutzen und Schaden 84 — 12. Mangel und Mittel 85 — 13. Vertrauen, Versprechen · Argwohn und Verdacht 85

9. Empfindung, Gefühl, Leidenschaft · Charaktereigenschaften · Verbrechen und Laster · Schuld und Strafe 88

   1. Gefühl und Stimmung 88 — 2. Sehnsucht, Eifer und Begeisterung 89 — 3. Leidenschaft, Zorn und Rache 90 — 4. Freundschaft, Liebe, Mitleid 90 — 5. Feindschaft und Haß 92 — 6. Freude und Schmerz 92 — 7. Hoffnung und Erwartung 93 — 8. Mut und Demut, Anmaßung und Übermut 94 — 9. Furcht und Schrecken 95 — 10. Gewissen und Pflicht 96 — 11. Charakter und Würde 97 — 12. Laster, Verbrechen, Schuld 98 — 13. Buße und Strafe 99

10. Haus und häusliches Leben · Sitte und Gewohnheit · Mitteilung, Umgang, Verkehr 101

   1. Leben in und außer Hause 101 — 2. Umgang und Verkehr 102 — 3. Gespräch und Mitteilung 103 — 4. Gewohnheit und Sitte 105

11. Besitz und Eigentum · Handel und Wandel · Gewinn und Verlust ... 106

   1. Besitz und Armut 106 — 2. Buchführung und Geldwesen 107 — 3. Handel, Kauf und Verkauf 108 — 4. Gewinn und Verlust 109

12. Der Staat 110

   1. Der Staatsbürger 110 — 2. Rang und Stand 110 — 3. Verwaltung und Regierung 111 — 4. Politik und politische Linie 113 — 5. Staatsformen, Herrschaft und Freiheit 116 — 6. Gesetze 117 — 7. Recht und Rechtspflege 118

13. Krieg und Frieden · Heer und Flotte 121

   1. Bildung eines Heeres 121 — 2. Bewaffnung und Verpflegung 121 — 3. Oberbefehl 122 — 4. Anlaß zum Krieg. Vorbereitungen 123 — 5. Anfang, Führung und Ende eines Krieges 123 — 6. Das Heer auf dem Marsch 124 — 7. Die Schlacht 125 — 8. Sieg, Niederlage und Verfolgung 128 — 9. Belagerung und Verteidigung 129 — 10. Seewesen und Seekrieg 130 — 11. Unterwerfung und Friede 131

GOTT · RELIGION UND KULT
SCHÖPFUNG · WELT

1. Gott

deus praesens	*ein hilfreicher Gott*
aedificator, procreator mundi	*der Weltenschöpfer*
quod Deus bene vertat	*Gott möge es zum Besten wenden (Gott möge seinen Segen dazu geben)*
divinitus accidit, in fatis erat	*es war Gottes Wille*
quod omen di immortales avertant, di meliora duint	*die Götter mögen es verhindern*
benignitate (beneficio) deorum aversum est aliquid	*durch die Gnade der Götter wurde etwas abgewendet*
velut caelo demissus, a dis (divinitus) oblatus	*wie vom Himmel gesandt*
dis cultum, honores, preces adhibere	*den Göttern Dienst, Verehrung und Gebete widmen*
novas religiones instituere	*einen neuen Kult einführen*
sacra publica deserere	*von der Staatsreligion abfallen*
praesidēre loco alicui	*einen Ort beschirmen*
ipsorum deorum saepe praesentiae	*oftmalige persönliche Erscheinungen der Götter (Epiphanien)*
usitatae perceptaeque cognitiones deorum	*die traditionellen Vorstellungen von den Göttern*

2. Religion und Kult

vovere aliquid, votum facere; voto se obstringere	*ein Gelübde tun (ablegen)*
votum solvere (reddere)	*ein Gelübde erfüllen*
diem festum agere (celebrare)	*ein Fest feiern*
rem divinam facere (instituere), mactare dis hostiam; sacra facere (nicht sacrum!)	*opfern, ein Opfer darbringen*

dis rem divinam ture ac vino facere	den Göttern Weihrauch und Wein opfern
homines pro victimis immolare	Menschenopfer darbringen
manes mortuorum expiare	die Geister der Abgeschiedenen versöhnen
religione teneri (impediri)	durch religiöse Bedenken verhindert (gehemmt) sein
religionem afferre alicui	religiöse Bedenken in jd. erwecken
sempiterna religione obligare aliquid	etwas für ewige Zeiten als heilig erklären
omne genus hariolarum	Wahrsager aller Art
superstitione imbutum esse	voller Aberglauben sein

3. Schöpfung und Welt

natura rerum	das Weltall
totius mundi convenientia consensusque	die Harmonie des ganzen Weltgebäudes (Kosmos)
animantium formae earumque rerum, quae gignuntur e terra	die Formen des (organischen) Lebens im Tier- und Pflanzenreich
omnia, quae sub adspectum veniunt; quae adspectu sentiuntur	die ganze sichtbare Welt
continemur omnes naturae lege	wir stehen alle unter dem Naturgesetz
vicissitudines atque ordines rerum	der Wechsel und die Aufeinanderfolge in der Natur
quattuor naturae	die vier Elemente
quod est in naturis rerum	was im Leben der Natur existiert
natura habet aliquem in se principatum	die Natur hat ein herrschendes Prinzip in sich
non est quicquam aliud praeter mundum, cui nihil absit	es gibt außer dem Kosmos nichts, das ganz ohne Mangel wäre
forma terrae globosa	die Kugelgestalt der Erde
homines physicae rationis ignari	Leute, die von der Naturwissenschaft (Physik) nichts verstehen

DIE ELEMENTE · RAUM UND ZEIT

1. Die Erde

paulatim ad planitiem redire	*allmählich in die Ebene abfallen*
aequaliter declivem ad flumen vergere	*sich in stetiger Neigung nach einem Flusse zu senken*
laetissimi flores	*ein einziges Blumenmeer*
frumentum angustius provenit	*die Ernte ist schlecht ausgefallen*
iam in herbis esse	*schon im Kraut stehen*
regio (loca) natura (situ) amoenissima	*eine schöne Landschaft*
patere a Syria	*nach Syrien offenstehen*

2. Das Meer

homines maritimi	*Leute, die am Meer wohnen*
decessus aestus (minuente aestu)	*die Ebbe (bei eintretender Ebbe)*
crebrae commutationes aestuum	*häufiger Wechsel von Ebbe und Flut*
aestus ex alto se incitat (Gegensatz: aestus minuit)	*die Flut kommt heran*
in mare proiectum esse	*ins Meer hineinreichen*
se in profundum iacĕre (praecipitare)	*sich ins tiefe Meer stürzen*
in profundum hauriri	*von der Tiefe verschlungen werden*
infinita altitudo	*eine unermeßliche Tiefe*

3. Bewegung und Ausdehnung im Raum

fundi, manare (manare et fundi); serpere; vagari	*sich ausdehnen, ausbreiten, um sich greifen*
longe lateque fluere (e. gr. doctrina Pythagorae)	*sich weit verbreiten (z. B. von der Lehre des Pythagoras)*
sensim foras serpere	*sich allmählich nach außen hin verbreiten*
serpere et in dies latius manare	*sich still verbreiten und immer weiter um sich greifen*

in immensum serpere	*ins Unendliche fortgehen*
angustiae locorum (itineris), angustiae faucesque	*ein enger Platz (Weg), eine enge Schlucht*
angustiae saltibus crebris inclusae	*eine Schlucht, die tief zwischen Wäldern liegt*
regiones mediterraneae (mare conclusum)	*das Binnenland (ein Binnenmeer)*
in ultimis terris (oris)	*am Ende der Welt*
oppidum campestre; urbs in plano sita	*eine Stadt, die im Flachland liegt*
urbs maritima	*eine Stadt am Meer*
in radicibus montis	*am Fuß eines Berges*
terminantur oculi aliqua re	*etwas begrenzt den Gesichtskreis (Horizont), schließt ihn ab*
provinciam attingere	*an eine Provinz grenzen*
umbilīcus regionis alicuius	*die Mitte eines Landes*
influit portus in sinum urbis	*ein Hafen erstreckt sich bis in die Mitte einer Stadt*
mediterranea regionis alicuius petere	*in das Innere eines Landes vordringen*
haec urbs situ praeclaro ad adspectum	*diese herrlich gelegene Stadt*
in (ad) orientem solem spectare, ad orientem vergere	*nach Osten zu liegen*
loci naturam ignorare	*das Gelände nicht kennen*
pecunia, quae ex metallis redit	*der Ertrag der Bergwerke*
ad metalla damnare	*zur Arbeit in den Bergwerken verurteilen*
loci vitium (gravitas)	*eine ungesunde Gegend*
fusum esse in aliqua re	*über etwas verteilt (verbreitet) sein*
imperium orbis terrarum finibus definire	*seine Herrschaft bis an die Grenzen der Welt ausdehnen; ein Weltreich beherrschen*
proficisci (se conferre) in aliquem locum	*sich irgendwohin begeben*
in rem praesentem venire	*an Ort und Stelle erscheinen*
in contrarium tendere (niti)	*nach der entgegengesetzten Richtung hin arbeiten*
in obliquum ferri	*in schräger Richtung fortgerissen werden*
in praeceps deferri	*in einen Abgrund stürzen*
loco discedere	*einen Ort verlassen*
exire (discedere, egredi) ex urbe	*die Stadt verlassen*

exire (egredi) de navi	*an Land gehen*
provincia decedere	*seine Provinz (das Amt) verlassen*
in silvam se abdere	*sich in einem Wald verstecken*
sedulo facimus, ut antecedamus eum (ei)	*wir suchen einen Vorsprung vor ihm zu gewinnen, wollen ihn überholen*
longius spatium praecipere	*einen Vorsprung gewinnen*

4. Weg und Straße

viam munire (aperire)	*einen Weg bahnen, eine Straße bauen*
via lapidibus strata	*eine befestigte Straße (Kunststraße)*
via militaris	*eine Heerstraße*
via expedita	*ein bequemer Weg*
via flexibus vallium implicata	*ein Weg, der sich in den Windungen von Tälern hinzieht*
hac via itur (haec via fert, ducit) ad	*dieser Weg führt nach ...*
occultis itineribus atque angustis uti	*versteckte, schmale Wege gehen*
in viam se dare	*sich auf den Weg machen*
viam intercludere (obsaepire, intersaepire) alicui	*einem den Weg versperren*
decedere (declinare) de via	*vom Wege abweichen*

5. Feuer, Luft und Wasser

de caelo tangi (percŭti), fulmine ici (percŭti)	*vom Blitz getroffen werden*
ignem comprehendere (igni comprehendi)	*Feuer fangen*
ignem inferre (subdere) alicui rei	*Feuer an etwas legen*
ardere	*in Flammen stehen*
conflagrare	*in Feuer aufgehen, verbrennen*
incendio delere (conficere) aliquid	*etwas in Feuer aufgehen lassen*
comburere; incendio (igni) delere aliquid	*etwas verbrennen, niederbrennen*
ad solum exuri	*bis auf den Grund abbrennen*
domus conflagravit (deflagravit); domus incendio consumpta est	*das Haus ist abgebrannt*
flammam sedare	*das Feuer dämpfen*

animos atque impetus alicuius retardare	jds. Feuer und Ungestüm mäßigen
spiritus, quem ducimus	die Luft, die wir einatmen
oriri (profluere) ex monte aliquo	auf einem Berg entspringen (von einem Flusse)
magnae eo die aquae fuerunt	es war an dem Tage Hochwasser

6. Die Zeit

procedente tempore	mit der Zeit (erst bei Plin. min.!)
omnium aetatum memoria, omnibus aetatibus (saeculis)	zu allen Zeiten
in omnia saecula	für alle Zeiten, für die Ewigkeit
in tempore, ad tempus	zur rechten Zeit
ad (in) tempus, ad diem venire	zur rechten Zeit kommen
nihil mihi longius est, quam ut	ich kann die Zeit nicht erwarten, bis
tempus sibi relinquere ad aliquid	sich zu etwas Zeit lassen
diu est, cum (Ind. perf.)	es ist lange her, daß
aetatem (vetustatem) non feret aliquid	etwas wird nicht lange währen
dies alicui rei continentes	die auf ein Ereignis folgenden Tage
recenti aliqua re	unmittelbar nach etwas
iniquo (alieno) tempore	zur Unzeit
ad constitutam cum aliquo horam	zur verabredeten Stunde
domum reverti coeperunt	sie kehrten allmählich heim
post hominum memoriam	seit Menschengedenken
puncto (momento) temporis	im Augenblick
ad tempus	1. für den Augenblick 2. eine Zeitlang, auf eine bestimmte Zeit
in ipso discrimine temporis, in rerum discrimine	gerade im entscheidenden Augenblick
tempus aucupari	auf einen günstigen Augenblick lauern
difficultas temporis	augenblickliche Verlegenheit
in re gerenda	im Augenblick des Handelns
nullam moram interponere, quin	keinen Augenblick zögern
bidui ad considerandum tempus petere	sich zwei Tage Bedenkzeit ausbitten
fidem ad ultimum praestare	bis zum letzten Augenblick treu bleiben

ultimum, supremum	*zum letzten Male*
hoc ultimum	*heute zum letzten Male, heute noch einmal*
uno impetu perfringere aliquid	*etwas auf einmal durchsetzen*
omnes uno nomine accusare	*alle auf einmal anklagen*
semel atque iterum	*wiederholt, zu wiederholten Malen*
circumacto anno	*nach Ablauf des Jahres*
intra finem anni vertentis	*noch vor dem Ende des laufenden Jahres*
exacto imperio	*nach Ablauf des Oberbefehls*
quinque diebus intermissis (interpositis, interiectis)	*nach (Verlauf von) fünf Tagen*
in annum, qui consequitur, redundare	*mit in das nächste Jahr hinübergehen*
excedere in annum insequentem	*ins folgende Jahr fallen*
pariter cum aetate crescere (augeri)	*mit den Jahren wachsen*
cum incohatur (impletur) luna	*bei Neumond (Vollmond)*
ineunte aestate (hieme)	*bei Beginn des Sommers (Winters)*
inita aestate (hieme)	*nach Beginn des Sommers (des Winters)*
in exitu annus (aestas) erat	*das Jahr (der Sommer) war beinahe zu Ende, ging zur Neige*
summa aestate	*im Hochsommer*
hiems subest	*der Winter steht vor der Tür*

7. Tag und Nacht

multa lux est	*es ist heller Tag*
in dies, in dies singulos	*von Tag zu Tag, tagtäglich*
in diem (in horam) vivere	*in den Tag hinein leben*
per aliquot dies tenere	*einige Tage lang dauern*
in aliquem diem incurrere	*auf einen Tag fallen*
in singula diei tempora	*Stunde für Stunde, stündlich*
serum erat diei	*es war spät am Tage*
praeceps in occasum (prope occasum) sol est	*die Sonne neigt sich zum Untergang*
praecipiti iam ad vesperum die	*als der Tag sich schon zum Abend neigte, als es schon auf den Abend zuging*
nondum omnium dierum sol occidit	*es ist noch nicht aller Tage Abend*

sol oriens et occidens diem noctemque conficit	*Aufgang und Untergang der Sonne rufen Tag und Nacht hervor*
nox appetit	*die Nacht naht heran*
nox sideribus illustris	*eine sternhelle Nacht*
nocte concubia (multa nocte)	*in tiefer Nacht*
praesidio noctis	*unter dem Schutze der Nacht*
media nocte	*mitten in der Nacht*
de nocte	*tief in der Nacht*
in multam noctem	*bis tief in die Nacht*
sermonem in multam noctem produximus	*wir haben unser Gespräch bis tief in die Nacht hinein geführt*
nox interposita saepe omnia perturbat	*wenn man eine Nacht verstreichen läßt, gerät oft alles in Verwirrung*
dies noctesque de te cogito	*ich denke Tag und Nacht an dich*
sempiterna nox offusa est alicui rei	*ewige Nacht bedeckt etwas*
in illa tempestate ac nocte rei publicae	*in jener Sturmzeit und düsteren Lage unseres Staates*

DER MENSCH

1. Geburt, Leben und Lebensalter

in lucem edi	*das Licht der Welt erblicken*
insitum atque innatum esse	*angeboren sein*
nascitur aliquid cum ipso homine	*etwas mit auf die Welt bringen*
originem repetere ab ...	*sein Geschlecht zurückführen auf ...*
originem suam referre ad deos	*seinen Ursprung von den Göttern ableiten*
natum esse nobili (illustri) loco	*aus vornehmem Hause stammen, einem vornehmen Hause angehören*
natum esse humili loco	*Sohn einfacher Eltern sein*
ortum esse stirpe regia	*der königlichen Familie angehören*
nihil in hominum genere rarius invenitur	*es findet sich nichts seltener unter den Menschen*
aequalem esse, eiusdem aetatis esse	*gleichen Alters sein, Zeitgenosse sein*
aetate procedere (provehi)	*älter werden*
maiorem natu esse, aetate anteire aliquem	*älter sein als jd.*
aetate florere	*im besten Alter sein, in der Blüte des Lebens stehen*
aetate vigere	*in den besten Jahren sein*
id aetatis esse	*in den Jahren sein*
a prima aetate	*von Jugend (Kindesbeinen) auf*
ab ineunte aetate	*seit dem Beginn der Jugendjahre*
prima aetate incidimus in ...	*unsere erste Jugend fiel in die Zeit von ...*
iuventute ac viribus rem gerere	*mit jugendlicher Kraft auftreten*
ineunte aetate	*beim Eintritt ins Leben*
se corrobare	*in das Mannesalter treten*
aetas constans (adulta, firmata, corroborata)	*das Mannesalter*
ad senectutem pervenire	*ein hohes Alter erreichen*
exacta aetate esse, grandem natu esse	*hoch in den Jahren sein*
aetate affecta esse	*an Altersschwäche leiden*

desipere senectute	vor Alter kindisch werden
vitae cupiditas	der Lebenswille
vitam agere, aetatem degere	ein Leben führen
otium ac tranquillitatem vitae sequi	ein ruhiges, stilles Leben suchen
tenuissimo cultu vivere	ein sehr bescheidenes Leben führen
vitam inopem et vagam vivere	ein ärmliches und unstetes Leben führen
se sustentare, vitam sustentare	sein Leben fristen
spiritum ducere; vita suppeditat alicui	am Leben bleiben; jd. lebt noch
vix vivum effugere	kaum mit dem Leben davonkommen
vivum te non relinquam	du sollst nicht lebendig davonkommen
vita privare aliquem, vitam (spiritum) auferre alicui, de (e) medio tollere aliquem	einen ums Leben bringen
morte multare aliquem	einen am Leben strafen
incolumem servare aliquem; vitam dare (concedere) alicui	jd. das Leben schenken, jd. begnadigen
vitam alicuius ferro atque insidiis appetere	jd. mit List und Gewalt nach dem Leben trachten
in discrimen capitis adducere aliquem	jd. in Lebensgefahr bringen
mortis periculo se committere	sich in Todesgefahr begeben
in ultimo discrimine vitae esse	in der größten Lebensgefahr schweben
caput agitur	es geht um Leib und Leben
animam profundere pro aliqua re	für eine Sache sein Leben hingeben
corpus offerre (vitam profundere, mortem occumbere) pro patria, se pro patria devovere; victĭmam se patriae praebere	sein Leben für das Vaterland opfern
capitis periculo se offerre, capitis periculum subire (adire); vitam suam (caput suum) in discrimen offerre pro aliqua re	sein Leben wagen, es in die Schanze schlagen für etwas
quod vitae reliquum est	der Rest des Lebens
ad ultimum vitae	bis zum letzten Augenblicke seines Lebens
tristem exitum habere	ein trauriges Ende finden
diem supremum (diem suum) obire, vita excedere (decedere); mortem obire; occumbere mortem (in Verbindung mit einem Adj. morte)	den Tod finden, sterben

inhonesta morte occumbere	*einen unrühmlichen Tod finden*
mors necessaria	*der natürliche Tod*
sua morte defungi	*eines natürlichen Todes sterben*
immatura morte occumbere	*eines frühen Todes sterben*
mors aliquem in mediis ... oppressit	*der Tod hat jd. mitten in ... überrascht*
ex vulneribus perire	*an seinen Wunden sterben*
animam efflare (edere, emittere), effundere (edere) extremum spiritum	*den Geist aufgeben*
liberari morbo	*von seinem Leiden erlöst werden*
acquiescere morte	*im Tode die Ruhe finden*
illacrimare morti alicuius	*den Tod jds. beweinen*
trudere aliquem ad mortem	*jd. in den Tod treiben*
vitam eripere alicui, interimere aliquem	*jd. töten*
medicamentum venis concipitur	*eine Arznei dringt in die Adern*
animam agere	*in den letzten Zügen liegen, mit dem Tode ringen*
debitum destinatumque morti esse	*unrettbar dem Tode verfallen sein*
mortem oppetere	*dem Tode entgegengehen*
pugnantem mortem oppetere	*im Kampfe den Tod suchen*
mors bellica, mors peregrina	*der Tod im Felde, in der Fremde*
poculum mortis exhaurire	*den Todesbecher leeren*
mortem sibi ipsum consciscere, vim (manus) sibi afferre; mortem ultro appetere; finire vitam voluntaria morte	*sich selbst den Tod geben*
mortiferam plagam infligere alicui	*einen tödlichen Streich gegen jd. führen*
pro mortuo iacere	*wie tot daliegen*
pro mortuo tolli	*für tot weggetragen werden*
ab inferis (a mortuis) excitare aliquem	*jd. von den Toten auferwecken*
superstitem esse alicui	*jd. überleben*
vita superare aliquid	*etwas glücklich überleben*
deficere in aliquo (z. B. progenies Caesarum in Nerone defecit: Sueton)	*mit jd. aussterben*
corpus alicuius magnifico funere efferre	*jd. mit großem Gepränge bestatten*
mortis comitem esse alicui(us)	*einem in den Tod folgen*

2. Teile und Tätigkeiten des Körpers

a) Teile des Körpers

suo sinu complexuque recipere aliquem	jd. in seine Arme aufnehmen
libentissimo animo recipere aliquem	jd. mit offenen Armen aufnehmen
eripere se e complexu alicuius	sich aus den Armen jds. reißen
aliquem de complexu alicuius avellere atque abstrahere	jd. mit Gewalt aus den Armen jds. reißen
amplexu tenere aliquid	etwas in den Armen halten
sanguinem mittere, venam incidere	zur Ader lassen
exsorbere alicuius sanguinem	jdm. das Blut aussaugen
sanguinem profundere (effundere)	sein Blut vergießen
sanguinem alicuius sitire (concupiscere, expetere)	nach jds. Blut dürsten
sanguine alicuius se saturare	seinen Durst nach dem Blut jds. stillen
sanguine redundare, sanguine inundari	im Blut schwimmen
oris habitus	Gesichtsausdruck (Physiognomie)
os (ora *von mehreren*) intueri	den Gesichtsausdruck beobachten
vultus alicuius extimescit	Schrecken malt sich in jds. Mienen

b) Hand und Fuß

pedem porta (limine) non efferre	den Fuß nicht vor die Tür, nicht über die Schwelle setzen
non habere, ubi vestigium imprimas	nicht wissen, wo man seinen Fuß hinsetzen soll
vestigiis persequi aliquem, vestigia premere alicuius	jd. auf dem Fuße folgen
vestigia alicuius persequi, vestigiis alicuius insistere	in jds. Fußstapfen treten
in vestigiis stare alicuius	in jds. Fußstapfen getreten sein
ad pedes alicuius se abicere (se proicere), genibus alicuius advolvi; ad genua alicuius procumbere	sich einem zu Füßen werfen, zu Füßen fallen
consistere in aliqua re	festen Fuß fassen in etwas
claudicat et vacillat aliquid (Cic.)	es steht etwas auf schwachen Füßen
iura alicuius obterere (polluere)	die Rechte jds. mit Füßen treten
calcem inpingere alicui	jd. einen Fußtritt versetzen
pedibus conculcare (obterere, proterere)	mit den Füßen zertreten

genu submitti (Curt.)	*in die Knie sinken*
quidquid progredior (progredimur)	*mit jedem Schritt vorwärts*
gradum sensim referre	*Schritt für Schritt zurückgehen*
manum (-us) adferre (inferre) alicui	*Hand an jd. legen*
manus adhibere alicui rei	*die Hand an etwas legen*
extremam (summam) manum imponere alicui. — Passiv: extrema manus accedit alicui rei	*die letzte Hand an etwas legen*
vim sibi adferre, vitae suae durius consulere (Caes.)	*Hand an sich legen*
dextram alicui offerre (alicuius complecti)	*jd. die Hand reichen (erfasssen)*
de manibus non ponere (deponere) aliquid	*etwas nicht aus der Hand legen*
scriptorem non dimittere e manibus	*einen Schriftsteller nicht aus der Hand legen*
in potestatem alicuius venire	*einem in die Hände fallen*
in victoris manus devenire	*dem Sieger in die Hände fallen*
in manibus habere, manibus tenere aliquid	*etwas unter den Händen haben (= sich damit beschäftigen)*
manum non vertere alicuius rei causa (ne digitum quidem porrigere)	*keine Hand (keinen Finger) für etwas rühren*
integrum sibi reservare aliquid	*sich freie Hand vorbehalten*
omnia integra ac libera (omnia solutissima) sunt alicui	*in allem ganz freie Hand haben*
colligare aliquem	*jdm. die Hände binden*
de manibus elabi	*aus den Händen entschlüpfen*
de manibus amittere	*aus den Händen entschlüpfen lassen*
per manus inter se tradere	*von Hand zu Hand gehen lassen*
manu factum	*durch Menschenhände gemacht*
manus tollere	*die Hände aufheben (= die Hände über dem Kopfe zusammenschlagen)*
manus caede et sanguine imbuere	*seine Hände mit Blut und Mord beflecken*
de manibus extorquere alicui aliquid	*einem etwas aus den Händen winden*
praesto esse, in promptu esse	*bei der Hand sein*
in manibus habere et amplexari aliquem (Cic.)	*jd. auf den Händen tragen*
in horam vivere	*von der Hand in den Mund leben*

omnibus viribus atque opibus repugnare	sich mit Händen und Füßen wehren
non digitum discedere ab aliqua re	keinen Finger breit von etwas weichen
digitum intendere ad aliquid	auf etw. hinweisen

c) Hals und Kopf

cervices frangere	den Hals brechen
cervices alicuius frangere	einem den Hals umdrehen
multitudinem tumultuosam exonerare	sich die unruhige Menge vom Halse schaffen
caput extollere et se erigere	das Haupt erheben und sich ermannen
cervices securi subicere	sein Haupt auf den Block legen
cervices (manus, iugulum) dare (praebere) alicui	sich von jd. töten lassen (übertr. sich für besiegt erklären)
demisso capite terram intueri	gesenkten Hauptes auf den Boden sehen
capite operto, capite in(ob-)voluto	mit bedecktem, verhülltem Kopfe
caput praecidere alicui, securi ferire aliquem	jd. den Kopf abschlagen
caput agitur	es geht um den Kopf
caput demittere	den Kopf hängen lassen
parieti caput impingere	mit dem Kopf gegen die Wand rennen
in os inserere alicui aliquid	einem etwas in den Mund stecken
vocem mittere	den Mund auftun
vocem praecludere alicui	einem den Mund stopfen
linguam alicuius mercede adstringere	einem den Mund mit Geld stopfen
iactare aliquid	mit etwas prahlen (sich brüsten)
in ore vulgi versari	im Munde des Volkes sein
assentari alicui	einem nach dem Munde reden
praesenti alicui exponere aliquid	einem etwas mündlich erklären
verbo (-is) (Gegensatz: scriptura) mandata dare alicui	einem mündliche Aufträge geben
risum movere (excutere) alicui, risum alicuius con(ex-)citare	einen lachen machen
risum tenere (continere)	das Lachen zurückhalten
ne inter seria quidem a risu temperare	selbst bei ernsten Dingen das Lachen nicht verbeißen können
risum reprimere (compescere)	das Lachen unterdrücken
moderatio vocis	die Modulation der Stimme
contentio et remissio vocis	Hebung und Senkung der Stimme

interrupta voce	*mit gebrochener Stimme*
intonare aliquid	*mit donnernder Stimme etwas ausrufen*
sententiam ferre (in iudicio), suffragium ferre (in comitiis)	*seine Stimme als Richter abgeben, seine Stimme als Wähler abgeben*
vocem sapientiae audire	*auf die Stimme der Weisheit hören*
consensus civitatis, existimatio hominum	*die allgemeine Stimme, die öffentliche Meinung*
consilii publici auctor	*ein Mann, der die öffentliche Meinung maßgeblich beeinflußt*
leniore quodam sono uti	*einen sanften Ton anschlagen*
vocem in dicendo obtundere	*sich heiser schreien*
fremitus indignantium	*ein Schrei der Entrüstung*
linguam continere (cohibere, compescere)	*seine Zunge im Zaum halten*
quod os afferes ad ...?	*mit welcher Stirn willst du erscheinen vor ...?*
vultum fingere	*seine Miene verstellen*
suis umeris sustinere aliquid	*etwas auf seine Schultern nehmen*
solum vertere, fines mutare	*seiner Heimat den Rücken kehren, auswandern*
insciente aliquo facere aliquid	*hinter dem Rücken jds. etwas tun*

d) Das Auge

oculi eminent	*die Augen treten hervor*
oculis ardet aliquis, oculi alicuius ardent	*die Augen jds. glühen*
oculos conicere in aliquem	*die Augen auf jd. richten*
spectare aliquid (ad aliquid, z. B. ad salutem alicuius), sequi aliquid	*etwas im Auge haben*
oculi habitant in vultu alicuius	*die Augen sind fortwährend auf jds. Miene gerichtet*
in oculis hominum habitare	*sich stets vor den Augen der Welt zeigen*
in conspectu alicuius, inspectante aliquo	*unter (vor) den Augen jds.*
se committere in conspectum alicuius	*sich jdm. unter die Augen wagen*
arbitris remotis; secreto	*unter vier Augen*
in oculis esse alicuius, in deliciis esse alicui	*jds. Augapfel (Liebling) sein*

intentis oculis, ut aiunt, contemplari aliquid	etwas scharf ins Auge fassen
oculum adicere alicui rei (auch bildlich, z. B. hereditati)	ein Auge auf etwas werfen
ab oculis (e conspectu) removere	aus den Augen bringen
oculi incidunt in aliquid, insigne (conspicuum) est aliquid	es fällt etwas in die Augen
praestringere oculos	die Augen blenden
hebetare aciem ad aliquid contemplandum	den Blick abstumpfen für etwas
constituere (proponere) ante oculos, oculis proponere aliquid	sich vor Augen stellen
aliquid subiectum oculis videre	etwas vor seinen Augen liegen sehen
res ante oculos posita est	es ist etwas augenscheinlich
exstat atque apparet aliquid	es springt etwas in die Augen
apparet id quidem etiam caeco	das sieht auch ein Blinder
oculos pascere animumque exsaturare aliqua re	seine Augen weiden und seine Lust sättigen an etwas
oculorum commendatione animo traditur aliquid	etwas gelangt durch Vermittlung der Augen zur Seele
vigilare in deligendo aliquo	die Augen bei der Wahl jds. offen haben
uno adspectu	mit einem Blick
movere (deflectere, avertere) oculos ab aliquo	die Blicke von jd. abwenden
oculos tollere	die Augen aufschlagen
oculos nusquam deicere de aliqua re	kein Auge von etwas abwenden
ne visendum quidem existimare aliquid	etwas nicht einmal eines Blickes würdigen
nihil antiquius habere, quam ut	sein Hauptaugenmerk darauf richten, daß
tantummodo adspicere aliquid	nur einen Blick auf etwas werfen
acrem in omnes partes aciem intendere	einen scharfen Blick nach allen Seiten richten
e conspectu alicuius se auferre	sich jds Blicken entziehen
evolare e conspectu	den Blicken entschwinden
praetereuntem quasi per transenam (Gitterfenster) strictim adspicere aliquid, strictim videre aliquid	im Vorbeigehen einen flüchtigen Blick auf etwas werfen
ipsum introspicere in mentem suam	einen Blick in sein eigenes Herz werfen

primo quasi adspectu probabile videtur aliquid	*es scheint etwas gleich auf den ersten Blick annehmbar*
plus videre in re publica	*tiefere Einsicht in die politischen Zusammenhänge besitzen*
spectaculum praebere	*ein Schauspiel bieten*
spectaculum percipere	*ein Schauspiel genießen*
in conspectum se dare (committere), in conspectum venire; conspici velle; in publicum prodire	*sich sehen lassen, sich öffentlich zeigen*
apparere, cerni	*sichtbar werden*
apparere ac cerni	*deutlich sichtbar werden*

e) Schlaf · Weinen

cubitum ire, somno (quieti) se dare	*schlafen gehen*
somnum capere	*einschlafen*
elanguescere, senescere, consenescere	*einschlafen (= allmählich aufhören, ermatten)*
aegritudo somno privat aliquem	*der Gram läßt jd. nicht schlafen*
in quiete, in somnis	*im Schlafe*
dormienti defertur aliquid	*jd. bekommt etwas im Schlaf*
species alicuius mihi per somnum (in quiete) offertur (obicitur)	*es erscheint mir jd. im Schlafe*
somnus artus	*tiefer Schlaf*
arte (graviter) dormire	*in tiefem Schlafe liegen*
expergefacere aliquem, e somno excitare aliquem; dormientem excitare	*jd. aus dem Schlafe wecken*
lacrimas profundere (effundere)	*Tränen vergießen*
abstergere fletum	*die Tränen abwischen*
consumptae sunt lacrimae	*die Tränen sind versiegt*
lacrimae oboriuntur (se profundunt)	*die Tränen stürzen hervor*
vix lacrimis temperare	*die Tränen kaum zurückhalten können*
multas lacrimas afferre alicui	*einem viele Tränen kosten*
fletum (lacrimas) movere (excitare) alicui, ad fletum adducere aliquem	*jd. zu Tränen rühren, zum Weinen bringen*
satiari flendo	*sich ausweinen*

f) Das Ohr

aures erigere, animum attendere	*die Ohren spitzen*
aures capere (tenere)	*die Ohren fesseln*

aures offendere	*das Ohr beleidigen*
aures permulcere, aurium voluptati servire	*dem Ohre schmeicheln*
ad aures (auribus) accidere	*ins Ohr, ins Gehör fallen*
ad aures alicuius permanare (pervenire, accidere)	*jd. zu Ohren kommen*
auribus accipere aliquid	*etwas mit eigenen Ohren vernehmen, selbst mit anhören*
suarum aurium fidei non credere	*seinen eigenen Ohren nicht trauen*
surdis auribus praecepta canere	*tauben Ohren predigen*
aures obtundere	*die Ohren betäuben*
obstrepi aliqua re	*übertönt werden durch etwas*
suaviter ad aures accidere	*lieblich klingen*
celebrantur aures aliqua re	*die Ohren klingen einem von etwas*
in aurem dicere (insusurrare) alicui aliquid	*einem etwas ins Ohr sagen*
obsidere aures alicuius	*einem in den Ohren liegen*
tritas (teretes) aures habere	*ein feines Ohr haben*
aures eruditae	*ein geübtes Ohr, Kennerohr*
aurem (aures) dare (praebere) alicui	*jd. sein Ohr leihen, Gehör schenken*
aequis auribus (benigne) accipere aliquem	*jd. ein geneigtes Gehör schenken*

g) Sinneseindrücke

sensum ferire	*vor die Sinne treten*
sensus impellere voluptate et specie prima acriter commovere	*die Sinne entzücken und sofort einen lebhaften Eindruck auf sie machen*
sevocare mentem a sensibus	*sich von Sinneseindrücken frei machen*

3. Körperliche Tätigkeiten und Zustände

spiritus liberius incipit meare	*der Atem geht wieder freier*
spiritum (animam) continere	*den Atem anhalten*
uno spiritu pronuntiare	*in einem Atem hersagen*
ne punctum quidem temporis respirare	*nicht einen Augenblick Atem schöpfen*
implere naturae desideria	*die natürlichen Bedürfnisse befriedigen*
corpus curare	*sich pflegen*
sitire, siti premi (ardere)	*Durst haben, Durst leiden*

explere (restinguere, pellere, sedare) sitim	*seinen Durst löschen*
siti enecari (consumi, confici)	*vor Durst sterben*
esurire, fame laborare (premi, urgeri)	*Hunger haben, Hunger leiden*
famem explere (pellere, depellere)	*seinen Hunger stillen*
extremam famem sustentare	*den äußersten Hunger stillen*
color immutatur alicui	*jd. wechselt die Farbe*
corpus movere	*auf den Körper einwirken*
totam hominis fabricationem perspicere	*den ganzen menschlichen Organismus begreifen*

Gesundheit und Krankheit

ut vales? quid agis? ut se habent res tuae? quo loco res tuae sunt?	*wie geht es dir?*
meliuscule est mihi	*es geht mir schon etwas besser*
valere, recte valere; bona (integra) valetudine esse (uti)	*gesund sein*
immaniter nobis bene est	*uns ist kannibalisch wohl*
valetudini servire (consulere)	*für seine Gesundheit sorgen*
medicinam alicuius rei petere ab aliquo	*bei jd. Heilung für etwas suchen*
aliam curationem adhibere (admovere) ad aliquid	*ein anderes Heilverfahren anwenden*
conducit aliquid valetudini meae	*etwas fördert meine Genesung*
redintegratis viribus	*mit frischer Kraft*
viribus integris (inlibatis)	*mit ungeschwächten Kräften*
in dies magis convalescere	*Tag für Tag an Kraft gewinnen*
recreari ad aliquid	*neue Kräfte für etwas gewinnen*
omnes suos nervos contendere, omnibus nervis coniti (contendere)	*alle seine Kräfte anstrengen*
convalescere, bene confirmari	*zu Kräften kommen*
consenescere	*alt werden und an Kraft verlieren*
omnes nervos incidere (aliqua re), omnes nervos exsecare	*alle Kräfte lähmen (durch etwas)*
in morbum incidere (delabi), morbo affici (temptari)	*krank werden*
aegrotare, aegrotum esse	*krank sein*
morbum contrahere, in morbum incidere (delabi); gravi morbo implicari	*sich eine Krankheit zuziehen, in eine schwere Krankheit fallen*
morbo adflīgi	*aufs Krankenbett geworfen werden*

ex morbo convalescere	von einer Krankheit genesen
ex longinquitate gravissimi morbi recreari	von einer langwierigen und gefährlichen Krankheit genesen
morbo exstingui (absumi)	von einer Krankheit dahingerafft werden
vires admodum attenuatae	außerordentliche Schwäche des Körpers
desperare alicuius vitam	an jds. Aufkommen zweifeln
valetudinem excusare	sich mit Unpäßlichkeit entschuldigen
aegro corpore laborare	dahinsiechen
depellere (removere, tollere) morbum, levare morbum; vim morbi relevare	eine Krankheit vertreiben
ingravescit morbus	eine Krankheit wird gefährlich
mentis vix compos	fast ohne Besinnung
animo linqui, exanimari	die Besinnung verlieren
ad se redire	wieder zur Besinnung kommen
sine mente ac sine ullo sensu iacere	ohne alle Besinnung daliegen
sensum excutere alicui	jd. die Besinnung rauben
parte membrorum captum esse	teilweise gelähmt sein
aegrum simulare	sich krank stellen, den Kranken spielen
mederi rebus, ex quibus laborat res publica	die Schäden, an denen der Staat krankt, heilen
vulnus accipere (excipere)	eine Wunde erhalten
vulnera adverso corpore accepta	Wunden vorn auf der Brust
vulnus inferre (infligere) alicui, vulnere percutere aliquem; plagam infligere alicui	einem eine Wunde schlagen
vulneribus confici	mit Wunden bedeckt werden
vulneribus suis manus afferre	seine eigenen Wunden wieder aufreißen
quae consanuerunt, recrudescunt	die geheilten Wunden brechen wieder auf
praeterita rei publicae fata refricare	die alten Wunden des Staates wieder aufreißen

LEBENSKRÄFTE
Ursprung und Untergang · Ursache und Wirkung
Gelegenheit und Unmöglichkeit
Glück und Unglück · Vor- und Nachteil

1. Anlaß und Anfang

pendet aliquid ex aliqua re, coniunctum est aliquid cum aliqua re	*eine Sache hängt von etwas ab*
contineri aliqua re, positum esse in aliqua re	*auf etwas beruhen, durch etwas bedingt sein*
res magni momenti est	*die Sache hat eine große Bedeutung*
magnum momentum habere ad aliquid	*große Bedeutung für etwas haben*
non minimum (multum) valere ad, plurimum proficere ad, plurimum conferre ad; vehementer pertinere ad	*viel beitragen zu etwas, Einfluß haben, von Einfluß sein auf etwas*
maximam vim afferre (habere) ad aliquid	*von dem größten Einflusse auf etwas sein*
ordiri ab aliqua re, incipere ab a. r.	*mit etwas anfangen*
initium facere (capere) ab aliqua re	*mit etwas anfangen*
de integro ordiri	*wieder von Anfang an beginnen*
exordium capere ab aliquo	*mit jemandem beginnen*
laborem obire	*an eine Arbeit gehen*
obruere aliquid	*etwas nicht aufkommen lassen*
magnae rei momentum facere	*den Ausschlag für eine wichtige Angelegenheit geben*

2. Entwicklung, Folge, Wirkung

efflorescere ex aliqua re, fluere (profluere) ex aliqua re, exsistere ex aliqua re	*aus etwas entspringen, sich entwickeln, hervorgehen*
gradus et quasi processus tuos volo cognoscere	*ich möchte deine Entwicklung und deinen Werdegang kennenlernen*
suis progressionibus augetur aliquid	*etwas nimmt in fortschreitender Entwicklung zu*

educare in se et confirmare aliquid	etwas in sich entwickeln und befestigen
omnium virtutum et originem et progressionem persequi	den Ursprung und die Entwicklung aller Tugenden verfolgen
ab aeterno tempore fluere in aeternum	sich von Ewigkeit zu Ewigkeit in Fluß befinden
consequi aliquid, accidit aliquid aliqua re	die unmittelbare Folge von etwas sein
quid futurum est?	was ist die Folge?
horreo, quorsus (quo) quid erupturum sit	mich schaudert vor den Folgen von etwas
ex parvis saepe momenta magnarum rerum pendent, minimis momentis saepe maximae inclinationes temporum fiunt; ex parvis initiis saepe maximae res oriuntur	kleine Ursachen haben oft große Folgen (Wirkungen)
ardet aliquid	eine Sache ist in vollem Gange, auf dem Höhepunkt
res satis calet	die Sache ist im Zuge, zur Ausführung reif, wird eifrig betrieben
semen et causam esse alicuius rei	die Quelle von etwas sein
acerbissimo luctu redundare	eine Quelle des bittersten Jammers werden
et causas rerum et consecutiones videre	die Ursachen und die Wirkungen erkennen
quid de eo futurum est?	was soll aus ihm werden?
in ipso incremento rerum de vita decedere	mitten in der Zeit des Erfolges sterben
radices agere	Wurzeln schlagen
radicibus alicuius rei niti	in etwas wurzeln
inhaerere alicui rei	seine Wurzeln in etwas haben
altissimis radicibus defixum esse	tiefe Wurzeln geschlagen haben

3. Gelegenheit, Lage und Möglichkeit

hoc fieri solet, ut ...	es ist gewöhnlich der Fall, daß
id si est; quod si ita est	wenn das der Fall ist
incidunt tempora, cum ...; est, cum ...	es treten Fälle ein, wo ...
primo quoque tempore, occasione oblata	bei der ersten besten Gelegenheit
locum dare alicui, ut ...	jdm. Gelegenheit geben zu etwas

summam facultatem ad aliquid faciendum (alicuius rei) dare alicui	jdm. die beste Gelegenheit zu etwas geben
offertur occasio	es bietet sich eine Gelegenheit
amplam alicuius rei occasionem nancisci	eine herrliche Gelegenheit zu etwas bekommen
occasionem oblatam tenere, occasione oblata uti	eine sich bietende Gelegenheit festhalten
maiorem alicuius rei occasionem habere	mehr (besser) Gelegenheit zu etwas haben
uti animis, dum spe calent	das Eisen schmieden, so lange es noch warm ist
tempus rei gerendae non dimittere	keine Zeit verlieren
occasionem negotii bene gerendi amittere, occasioni suae deesse	sich eine günstige Gelegenheit entgehen lassen
occasionem in perpetuum amittere	eine günstige Gelegenheit unwiederbringlich verlieren
tempori deesse	eine Gelegenheit versäumen
tempori suo indormire	eine günstige Gelegenheit verschlafen
parumne est, quod ...?	ist es nicht genug, daß ...?
committere, ut	es dazu kommen lassen, daß
in eum locum res deducta est, ut; res eo deducta est, ut ...	es ist dahin gekommen, daß ...
ita sunt res nostrae	das ist unsere Lage
rebus urgeri	in bedrängter Lage sein
meliore condicione esse (uti)	in einer besseren Lage sein
impedita rei publicae tempora ita fuerunt, ut ...	durch die Notlage des Staates kam es soweit, daß ...
ea fortunae condicione uti, ut ...	in der Lage sein, daß ...
hanc condicionem ferre (statuere) alicui, ut; in eum casum demittere aliquem, ut ...	jd. in die Lage versetzen, daß ...
optionem alicui dare, utrum — an	einem freie Wahl lassen (einen vor die Alternative stellen)
a temporibus meis alienum est aliquid	etwas paßt nicht für meine Lage
non integrum mihi est aliquid	es steht etwas nicht mehr in meiner Macht
fieri potest, ut ...	es ist möglich, daß ...
res aliqua facultatem habet	eine Sache ist möglich
non est aliquid tam exigui temporis	etwas ist in so kurzer Zeit nicht möglich

potestatem alicuius rei faciendae adimere (eripere) alicui	einem etwas unmöglich machen
excludere (perimere) aliquid	etwas unmöglich machen
libere decernendi potestatem eripere alicui	jdm. einen freien Entschluß unmöglich machen
nihil infectum alicui credere	bei jd. nichts für unmöglich halten
nulla alicuius rei potestas datur alicui	es wird einem etwas unmöglich gemacht
nihil est, quod fieri non possit	es ist nichts unmöglich
nulla est exspectatio aut vel minimi dilatio temporis	es ist nicht möglich, hier abzuwarten oder auch nur einen Augenblick Zeit zu verlieren
omnem recusationem adimere alicui	einem jede Möglichkeit der Weigerung benehmen
aliqua ad resistendum ratio	eine Möglichkeit des Widerstandes
nulla est facultas alicuius rei	es gibt keine Möglichkeit, sich etwas zu verschaffen
quo loco est causa eius?	wie steht seine Sache?
haec res est, res sic se habet	so steht die Sache
res (causa) optime se habet	die Sache steht sehr gut
res eodem loco est, quo antea fuit	die Sache steht noch genau so wie früher
tempora tranquilla atque pacata (sedata)	ruhige, friedliche Zeiten
tempora omnibus tempestatibus concitata	sehr unruhige (aufgewühlte) Zeiten
tempori tribuere aliquid	mit Rücksicht auf die Zeitverhältnisse etwas tun
tempori (temporibus) servire (parere, cedere)	sich in die Zeit schicken
consilium pro tempore et pro re capere	nach Zeit und Umständen handeln
remittere aliquid temporibus	etwas den Zeitumständen opfern
ratio atque inclinatio temporum	Geist und Stimmung der Zeit

4. Glück und Vorteil

felicem esse, bona (secunda) fortuna uti	Glück haben
magnum evadere	in die Höhe kommen
beatum dicere (iudicare) aliquem	jd. glücklich preisen

fortunae tribuere aliquid	etwas dem Glück zuschreiben
secundos rerum proventus exspectare	guten Erfolg erwarten
eventus ad spem respondet (Liv.)	der Erfolg entspricht der Erwartung
bene cedere (succedere), prospere succedere; prospere evenire	gelingen, erfolgreich verlaufen
multum in re militari potest fortuna	im Kriege kommt es viel auf das Glück an
nullam aut perexiguam in aliqua re partem fortuna tenet	es kommt bei etwas gar nicht oder nur sehr wenig auf Glück an
fortunae se committere	es auf das Glück ankommen lassen
fortunae impetum sustinere non posse	der Macht des Schicksals unterliegen
periculum fortunae facere	sein Glück versuchen
fortuna nos effert	das Glück erhebt uns
peropportune cadit alicui aliquid	es trifft sich etwas glücklich für jd.
opportune accidit, quod..., res optime evenit, quod...	es ist euer Glück, daß...; es war ein großes Glück, daß...
gratulari alicui aliquid (de aliqua re)	einem Glück wünschen zu etwas
fortunae mobilitate efferri (demergi)	durch die Laune des Glücks gehoben (gestürzt) werden
res ei semper succedunt	er hat immer Glück
in altissimo gradu positum (collocatum) esse	auf der höchsten Stufe stehen
feliciter	mit Erfolg
spe devorare aliquid	sich einbilden, etwas schon in der Tasche zu haben
abundare (affluere, circumfluere, redundare) aliqua re	Überfluß an etwas haben
optatis alicuius respondet fortuna	das Glück kommt den Wünschen jds. entgegen
ex sententia (ex animi sententia) succedere, in numerum (prospere) procedere	nach Wunsch gelingen
optata mihi contingunt	meine Wünsche gehen in Erfüllung
divinitus accidit aliquid	etwas ist durch ein Wunder geschehen
sortiri, sortes iacere	losen, das Los werfen
sortem ducere	das Los ziehen
sorte obvenire (obtingere)	durch das Los zufallen
ludibrium fortunae	ein Spielball des Glücks
fati lege	nach dem Willen des Schicksals

gravis fortuna	*ein hartes Schicksal*
hoc fato natus sum, ut ...	*es ist nun einmal mein Schicksal, daß ...*
quae multa et varia in hominum vita versantur	*was oft und vielfach im menschlichen Leben vorkommt*
varia fortuna uti in aliqua re, fortunae mobilitatem experiri in aliqua re	*den Wechsel des Glücks in etwas erfahren*
variant secundae adversaeque res non fortunam magis quam animos hominum	*durch Glück und Unglück wird die Stimmung der Menschen ebenso verändert wie ihre äußere Lage*
sub varios incertosque casus subiectum esse	*wechselnden und ungewissen Zufällen preisgegeben sein*
valet temeritas et casus	*der blinde Zufall herrscht*
inclinationes rerum et momenta temporum in re publica sunt	*es gibt Schwankungen in den Verhältnissen und Wendepunkte in der Politik*
utilitatem (fructum, emolumentum) capere ex aliqua re	*Nutzen ziehen aus etwas*
summam ad utilitatem habere opportunitatem	*wesentlichen Nutzen und Vorteil bringen*
utile esse, usui (fructui) esse; prodesse	*nützlich sein, von Vorteil sein*
separata etiam utilitate laudabile est aliquid	*etwas ist anerkennenswert, auch wenn man vom Nutzen absieht*
fructui esse alicui, servire commodis alicuius	*jd. Vorteil bringen*
in usus suos (in rem suam) convertere aliquid	*etwas zu seinem Vorteil verwenden*
maturitatem assequi	*reif werden, zur Reife kommen*

5. Unglück und Nachteil

premi aliqua re	*unter etwas zu leiden haben*
rem in summum periculum deducere	*es zum Äußersten kommen lassen*
extremum auxilium experiri	*das Äußerste versuchen*
non multum afuit, quin ...	*es hätte nicht viel gefehlt, und ...*
prope factum est, ut ...	*es war nahe daran, daß ...*
nullum periculum recusare	*keine Gefahr scheuen*
ad omnia pericula principem esse	*bei allen Gefahren vorangehen*
in discrimen venire	*in Gefahr geraten*

se et salutem suam in discrimen offerre pro aliqua re	sich und sein Leben für etwas in Gefahr bringen
se in periculum capitis atque in vitae discrimen inferre, capitis periculum adire	sich einer persönlichen Gefahr aussetzen, Leib und Leben riskieren
homo diruptus dirutusque	eine bankerotte Existenz
in extremis rebus esse	sich in einer hoffnungslosen (aussichtslosen) Lage befinden
periculo defungi	eine Gefahr bestehen
perfunctum periculum	eine überstandene Gefahr
periculum moliri (creare, inferre) alicui	jd. in Gefahr bringen, ihn gefährden
imminet (impendet) periculum ab aliquo	es droht Gefahr von jd.
periculum in me redundat ex aliqua re	etwas wird für mich gefährlich
periculosum locum praetervehi	an einer gefährlichen Klippe vorbeikommen
ad proficiendum impedimenta opponere	dem Erfolg Hindernisse in den Weg legen
in summis angustiis esse	in der äußersten Bedrängnis sein
non succedere, parum procedere; ad irritum cadere	mißlingen, mit einem Mißerfolg enden
nullius consilii exitum invenire	keinen Ausweg finden
agitur aliquid (e. g. vita)	es steht etwas auf dem Spiel
in dubium revocare aliquid	etwas aufs Spiel setzen
multorum annorum felicitatem in unius horae discrimen dare	das Glück vieler Jahre in einer Stunde aufs Spiel setzen
subire tempestatem	einen Sturm über sich ergehen lassen
impendentibus tempestatibus non cedere	drohenden Stürmen nicht ausweichen
hic annus multa turbulenta habuit	dieses Jahr brachte viele Stürme
in contrarium vertere (convertere)	ins Gegenteil umschlagen
incidere in calamitatem	ins Unglück geraten
incidere in calamitatem et miseriam, incurrere in miserias; obrui calamitatibus	in Jammer und Elend geraten
incommodum sanare maioribus commodis	einen Unfall durch größere Vorteile wieder gutmachen, eine Scharte wieder auswetzen
temporum iniquitas	die Ungunst der Zeiten

angustiae temporis	ungünstige Verhältnisse
magna rerum iniquitas	sehr ungünstige Verhältnisse
detrimento (fraudi) esse alicui	nachteilig für jd. sein
damnum facere (accipere), damno affici	Schaden leiden, geschädigt werden
perferre instantem necessitatem	das Unvermeidliche tragen
cadit aliquid haud prospere	etwas mißglückt, geht schief
esse alicui auctorem malarum rerum	Unglück über jd. bringen
fortunam adversam alicuius despicere	jd. in seinem Unglück verachten
leviores facere res adversas	das Unglück erleichtern
finem facere alicuius rei, finem affere alicui rei	einer Sache ein Ende machen
radicitus (stirpitus) extrahere aliquid, penitus evellere aliquid	etwas mit Stumpf und Stiel ausrotten

6. Entscheidung · Verfall · Untergang

hic summa rerum est	hier liegt die Entscheidung, hier muß es sich entscheiden
res in discrimen adducitur	die Sache kommt zur Entscheidung
aliquid in extremum discrimen adducere (vocare)	eine schwere Krise heraufbeschwören
res in propinquum adducta est discrimen	die Entscheidung ist nahe
nondum discrimen fortuna fecerat	eine entscheidende Wendung war noch nicht eingetreten
puncto saepe temporis maximarum rerum momenta vertuntur	die wichtigste Entscheidung hängt oft von einem einzigen Augenblick ab
cunctari periculum summae rerum facere	zögern, etwas Entscheidendes zu wagen
triplex est consilii capiendi deliberatio	auf drei Punkte kommt es an, wenn man einen festen Entschluß fassen will
magno ad aliquid momento esse	entscheidend für etwas sein
nihil proficere	nichts ausrichten
ad nihilum recidit aliquid	es wird nichts aus etwas
non subito frangi, sed diuturnitate exstingui	nicht auf einmal verfallen, sondern allmählich verkommen
degeneravisse a pristina virtute	nicht mehr auf der früheren Höhe stehen

ars augurum et vetustate et neglegentia iam evanuit	*die Kunst der Auguren ist durch Alter und Vernachlässigung schon ganz geschwunden*
omnis eorum memoria sensim obscurata est et evanuit	*die ganze Erinnerung an sie ist allmählich verdunkelt und verschwunden*
ad nihilum venire (recidere, redigi); dilabi; evanescere	*vergehen, zunichte werden*
perire, funditus perire; pessumdari; ad interitum ruere	*zugrunde gehen*
prudentem et scientem tamquam ad interitum voluntarium ruere	*mit vollem Wissen und Willen seinem Untergang entgegengehen*
omnia in aliquo praecipitia sunt ad interitum	*jd. geht unaufhaltsam seinem Untergang entgegen*
foede perire	*ein schmähliches Ende finden*
quae res videntur interitum adferre	*Dinge, die scheinbar den Untergang herbeiführen*
non miliens perire melius est, quam ...?	*ist es nicht besser, tausendmal zu sterben, als ...?*
natura ab interitu abhorret	*die Natur schreckt vor dem Untergang zurück*
fac sic animum interire ut corpus	*gesetzt den Fall, die Seele ginge ebenso zugrunde wie der Leib*
cum dissolutione, id est morte, sensus omnis exstinguitur	*mit der Auflösung, d. h. mit dem Sterben, verlöscht jedes Gefühl*
exstincta est haec consuetudo	*diese Gewohnheit (dieser Brauch) ist ganz abgekommen*

ENTSCHLUSS UND VORSATZ · ARBEIT UND ERHOLUNG

1. Zweck, Absicht und Beginn

id agere, operam dare ut ...	etwas absichtlich (mit Fleiß) tun
dedita opera quaerere aliquid	mit Absicht auf etwas ausgehen
cogitare (meditari, sequi) aliquid	etwas beabsichtigen
cogitare de aliqua re	auf etwas bedacht sein, an etwas denken
summa sequi	den höchsten Zielen zustreben
magna quaedam spectare	ein hohes Ziel im Auge haben
ad propositum finem pervenire	das gesteckte Ziel erreichen
assequor, quod mihi proposui (quod volui); pervenio, quo intendo (intendi)	ich erreiche, was ich wollte; ich erreiche mein Ziel
assecutus sum, quod flagrantissime concupiveram	ich sehe mich am Ziel meiner heißesten Wünsche
quam ad rem? quid spectans?	zu welchem Zweck?
aberrasti ab eo, quod tibi proposuisti (a proposito)	du hast dein Ziel verfehlt
ad eam rem, id spectans; eo consilio; ea mente	zu dem Zwecke, in der Absicht
quorsum haec spectant? quorsum hoc (haec)?	was hat das für einen Zweck?
mihi propositum est	mein Zweck ist
sunt facta verbis difficiliora	die Ausführung ist schwerer als der Vorsatz
alii alio tendunt	der eine will dies, der andere das
artes ad voluptatem dirigere	den Sinn der Kunst im Vergnügen sehen
profiteri aliquid	sich anheischig machen, etwas zu tun
profiteri, quod implere non possis	sich anheischig machen, etwas zu tun, was man nicht leisten kann
penitus in aliquid se demittere	sich ganz unbedingt auf etwas einlassen
omnino non attingere aliquid	sich mit etwas durchaus nicht befassen

auctorem (principem) esse alicuius rei	*etwas anstiften, veranlassen*
principem esse alicuius rei faciendae	*in etwas vorangehen*
conspirare ad aliquid	*sich zu etwas verschwören (auch in gutem Sinne)*
aditum ad aliquid sibi comparare	*sich den Weg zu etwas bahnen*
sceleribus sibi aditum munire ad aliquid	*sich durch Verbrechen den Weg zu etwas bahnen*

2. Entschluß, Grundsatz, Willen

(in) animum inducere ad aliquid, descendere ad alqd.	*sich zu etwas entschließen*
ad ultimum auxilium descendere (decurrere)	*sich zum Äußersten entschließen*
de summis rebus (summa rerum) consilium capere	*Entschlüsse von der größten Tragweite fassen*
animum alicuius avertere ab aliqua re	*jd. von etwas abbringen*
statutum (certum) deliberatumque habere aliquid, animo paratum esse	*zu etwas fest entschlossen sein*
sententia mihi stat facere aliquid, deliberatum et constitutum est mihi aliquid; certum deliberatumque mihi est aliquid	*mein Entschluß steht fest*
certa in sententia consistere	*zu einem festen Entschlusse kommen*
nihil mihi deliberatius est	*ich bin felsenfest entschlossen*
perstare (persistere, perseverare) in aliqua re	*auf (bei) etwas beharren*
sibi constare, constantiam sequi	*beharrlich (konsequent) sein*
magnam alicui difficultatem ad consilium capiendum afferre	*jdm. einen Entschluß schwer machen*
erigere (excitare) se ad aliquid	*sich zu etwas ermannen*
iudicio	*aus Grundsatz*
animi quodam iudicio	*sozusagen grundsätzlich*
instituta alicuius	*die Grundsätze jds.*
institutum tenere	*seinem Grundsatz treu bleiben, an einem Prinzip festhalten*
ab institutis suis abduci aliqua re	*sich von seinen Grundsätzen durch etwas abbringen lassen*
alienum est aliquid (a) meis institutis	*etwas widerspricht meinen Grundsätzen*

vitam ad certam rationis normam dirigere	sein Leben nach ganz bestimmten Grundsätzen ausrichten
sua sponte (ipsum per se) facere aliquid	etwas selbständig (auf eigene Faust) unternehmen
obnoxium videri	unselbständig erscheinen
in animum inducere, a se impetrare; audere aliquid	etwas über sich gewinnen
prudens	mit Bedacht
per imprudentiam	unbedacht
imprudentem facere aliquid	etwas unbedacht tun
incertum esse	unschlüssig sein
animo fluctuari	unschlüssig bleiben
haerere, in difficultatibus haerere	in Verlegenheit sein
in magnis versari angustiis	in großer Verlegenheit sein
in summas angustias adducere aliquem	jd. in die größte Verlegenheit bringen
in dubio esse, animi pendēre	in Zweifel sein
religionem inicere (incutere) alicui, scrupulum inicere alicui	jd. bedenklich stimmen
sui arbitrii esse	seinen freien Willen haben
omnia ad suum arbitrium referre	in allem seinem freien Willen (Gutdünken) folgen
in voluntate alicuius esse (positum esse)	von jds. Willen abhängen
fit aliquid ad nutum et voluntatem alicuius	es geschieht etwas nach dem Wink und Willen jds.
omnes nutus alicuius intueri	jeden Wink von jd. beachten
imprudens feci	ich habe es nicht mit Wissen getan
neglecto officio	wider meine Pflicht
sciens nihil praetermisi	wissentlich habe ich nichts unterlassen

3. Aufgabe, Beruf, Lebensrichtung

munus suum praestare	seine Aufgabe erfüllen
munere suo fungi, munus suum exsequi	seinen Beruf ausüben
muneri suo deesse	seinen Beruf vernachlässigen
vitae (vivendi, aetatis degendae) genus (rationem) deligere	einen Beruf wählen
voluntas institutae vitae	die freie Berufswahl
officiosi labores	angestrengte Berufsarbeit

se conferre et convertere ad aliquid	*sich etwas zur Hauptaufgabe machen*
mandatum conficere	*sich eines Auftrages entledigen*
onus suscipere	*sich eine Last aufladen*
non recusare aliquid in se recipere	*etwas ohne Weigerung auf sich nehmen*
onus sustinere	*eine Last tragen*
onus reicere (deponere, abicere)	*eine Last abwerfen*
sub onere concidere, onere opprimi	*unter einer Last erliegen*
onere levare aliquem	*jd. eine Last abnehmen*
oneratus magis quam honoratus sum aliqua re	*etwas bedeutet für mich eher eine Last als eine Ehre*
totam aetatem in aliqua re conterere, omnem vitae cursum in aliqua re conficere	*sein ganzes Leben einer Sache widmen*
summi laboris esse	*im höchsten Grade leistungsfähig sein*
alterius vitae quoddam initium ordiri	*ein neues Leben anfangen*
instituta ratio vitae	*der Lebensplan*
dignitatem suam tueri	*seine Stellung behaupten*
gradu (loco) movere, de gradu (statu) deicere aliquem; gradu depellere aliquem	*jd. aus seiner festen Stellung (Rang) verdrängen*
voluntate similem esse	*eine gleiche Richtung (Tendenz) verfolgen*
personam imponere alicui	*einem eine Rolle zuweisen*
partes suscipere	*eine Rolle (Aufgabe) übernehmen*
personam tueri (sustinere)	*seine Rolle durchführen*
partes agere	*eine Rolle spielen*
partes transigere	*seine Rolle ausspielen*
primarum (secundarum) partium esse	*die erste (zweite) Rolle haben*
florere in administratione rei publicae	*eine bedeutende Rolle in der Politik spielen*
homo plurimarum rerum usu praeditus	*ein Mann von großer Weltkenntnis*
homo rerum imperitus	*ein Mann von geringer Lebenserfahrung*
usus confirmat doctrinam	*die Praxis bestätigt eine Theorie*
exercitatio, rerum prudentia; (multarum) rerum memoria et usus (Gegensatz ratio)	*Praxis (Gegensatz: theoretische Kenntnis)*
prudentia civilis	*politische Praxis, politische Klugheit*
prudentia domestica	*praktischer Verstand im Privatleben*

4. Anstrengung und Arbeit

transigere rem, negotium conficere	eine Sache erledigen
ad finem perducere (deducere) aliquid	etwas zu Ende bringen
summa ope eniti, ut ..., nihil praetermittere, quin ..., nihil reliqui facere ad alqd.	alles aufbieten, um ...
eniti omni scientia ac diligentia, ut ...	sein ganzes Wissen und seine Sorgfalt aufbieten, um ...
nihil reliqui facere, quominus ...	alles mögliche tun, um ...
vetera consilia repetere	alte Pläne wieder aufnehmen
magnis laboribus confici (se frangere)	sich durch große Anstrengungen aufreiben
ad aliquid se conferre et convertere	sich ganz besonders mit etwas beschäftigen
vehementer amplecti aliquid	etwas mit Vorliebe betreiben
negotiis districtum esse	übermäßig viel Arbeit haben
industriam in multa studia distrahere	sich zersplittern
negotio non deesse	es an sich nicht fehlen lassen
neque animus neque diligentia alicui deest	es fehlt einem weder an Mut noch an Umsicht
esse aliquid (z. B. in dicendo)	etwas Tüchtiges leisten (z. B. als Redner)
hoc ad te pertinet, hoc tuum est; tua res agitur; hoc tua refert	das geht dich an, das ist deine Sache
res est mihi tecum	ich habe es mit dir zu tun
omnibus viribus atque opibus	mit aller Kraft
consilia ex rebus capere	seine Maßregeln nach der Lage richten
fortioribus remediis agere	strengere Maßregeln ergreifen
in aliqua re non defatigari	nicht müde werden etwas zu tun
operae pretium non est	es lohnt sich nicht der Mühe
operam impendere in aliquid	Mühe auf etwas verwenden
operae (labori) non parcere	keine Mühe sparen
est aliquid dictu quam re facilius	es ist etwas leichter gesagt als getan
nullo negotio	ohne alle Mühe
facili negotio, parvo (perlevi) momento	ohne besondere Mühe
nullo negotio impetrare aliquid ab aliquo	ohne die geringste Schwierigkeit etwas bei jd. durchsetzen
operam perdere, oleum et operam perdere	sich umsonst plagen (Hopfen und Malz verlieren)

specimen dare alicui in aliqua re	*eine Probe vor jd. in etwas ablegen*
quantumcumque habes virium certamine primo effundere	*all seine Kraft beim Beginn des Kampfes verschwenden*
vice alicuius fungi	*jds. Stelle vertreten*
longius procedere in aliqua re, nimis progredi	*zu weit gehen in etwas*
in eum locum progredi, ut; tantum progredi in aliqua re, ut . . .	*so weit gehen, daß . . .*
progredi ultra aliquid	*über etwas hinausgehen*
participem fieri alicuius rei	*an etwas teilnehmen*
nullam alicuius rei partem attingere	*sich überhaupt nicht an etwas beteiligen*
versari in coniuratione	*an einer Verschwörung beteiligt sein*
tempora voluptatis laborisque dispertire	*seine Zeit auf Arbeit und Vergnügen richtig verteilen*
pergite, ut facitis	*macht so weiter wie bisher!*

5. Ende der Tätigkeit · Erholung und Vergnügen

dimittere (deponere, abicere) aliquid	*etwas aufgeben*
a causa alicuius discedere	*die Sache jds. aufgeben*
petitionem relinquere	*eine Bewerbung aufgeben*
studia deponere	*seine Bemühungen einstellen*
supersedere aliqua re	*sich etwas ersparen (unterlassen)*
totam rem abicere, plane deponere aliquid	*etwas ganz fallen lassen*
simulandi causa facere aliquid	*etwas bloß der Form halber tun*
non multum (non magno opere) laborare de aliqua re	*sich wenig um etwas kümmern*
prorsus neglegere aliquid	*etwas verwahrlosen lassen*
missum facere, dimittere aliquid	*auf etwas Verzicht leisten*
moram afferre alicui rei	*etwas verzögern*
animum alicuius avertere ab aliqua re	*jd. von etwas abbringen*
nihil de resistendo cogitare	*an keinen Widerstand denken*
obstare atque officere alicui	*jd. im Wege stehen*
se interponere alicui rei	*einer Sache in den Weg treten*
interpellare aliquem	*jd. stören, einem ins Wort fallen*
vi nulla interpellante vivere	*ungestört leben können*
animi relaxandi causa facere aliquid	*etwas zur Erholung tun*

animus ex aliqua re reficitur	*man findet Erholung nach etwas*
animum relaxare doctrina	*in der Wissenschaft Erholung suchen*
paulum respirare a metu	*sich von der Furcht etwas erholen*
perpetua quadam felicitate uti	*beständiges Glück genießen*
fructus vitae relinquere	*den Genüssen des Lebens entsagen*
omnia iucunda sibi denegare	*sich alle Genüsse versagen*
in otio vivere, otio indulgere; in otio esse; otiosum esse	*in Muße leben*
otio abundare (affluere)	*viel freie Zeit haben*
otio diffluere	*durch Nichtstun erschlafft sein*
otium consumere in aliqua re	*seine freie Zeit einer Sache widmen*
otii tempus consumere cum aliquo	*seine Mußestunden bei jd. zubringen*
ab omni occupatione se expedire	*sich von jeder Beschäftigung frei machen*
in otium se referre (recipere)	*sich ins Privatleben zurückziehen*
ex molestiis et laboribus conquiescere	*von Müh' und Plage ausruhen*
animum alicuius consistere non sinere	*jd. nicht zur Ruhe kommen lassen*
nullum sibi tempus ad quietem relinquere	*sich keinen Augenblick Ruhe gönnen*
se commovere non audere	*sich nicht zu rühren wagen*
domo se non commovere	*zu Hause bleiben und sich nicht rühren*
vestigio se non movere	*sich nicht von der Stelle rühren*
compressis manibus sedere	*die Hände in den Schoß legen*
parere voluptatibus	*sich Vergnügungen hingeben*
in voluptates se mergere	*sich in Vergnügungen stürzen*
animi causa, animi relaxandi causa; otii consumendi causa	*zum Zeitvertreib*
tempus consumere (terere, conterere) in aliqua re	*seine Zeit mit etwas verbringen, vertun*

GEIST, VERSTAND, VERNUNFT
IRRTUM UND WAHRHEIT

1. Der Geist, seine Eigenschaften und Tätigkeiten

mens segregata est ab omni concretione mortali	der Geist ist von aller Materialität frei
admirabilem naturam ad dicendum habere	außerordentliche Anlagen zu einem Redner haben
multum est in aliquo	es steckt viel in jdm.
homo ingenio uberrimo affluens	eine reich begabte Natur
nihil alicui a natura denegatum est	die Natur hat einem alles geschenkt
nihil animo videre (concipere) posse	sich zu geistiger Anschauung nicht erheben, nichts abstrakt fassen können
in natura positum esse	auf objektiven Verhältnissen beruhen
ad oculos (sensus) omnia referre	alles von sinnlicher Anschauung abhängig machen
res caecae et ab adspectus iudicio remotae	die unsichtbare und der sinnlichen Wahrnehmung entrückte Welt
a consuetudine communis sensus abhorrere	von der gewöhnlichen Anschauungsweise abweichen
longe abhorrere a nostris sensibus	unserer Auffassungsweise ganz fernliegen
sensus hominum communis	die allgemeine menschliche Denk- und Anschauungsweise
accommodare aliquid ad popularem intelligentiam	etwas dem Fassungsvermögen des Volkes anpassen
animo (cogitatione) complecti aliquid	etwas geistig erfassen
altius perspicere	tiefer blicken
praesenti animo esse (uti), animo adesse; animus mihi praesto est	Geistesgegenwart besitzen, den Mut nicht verlieren
magna vis ingenii	Genie
homo tamquam deus	ein Übermensch
ingenio plurimum valere	ein Genie sein
nativa ingenii forma	Originalität
ingenio valere (abundare); praeditum esse acuto ingenio	viel Verstand haben

tarda mens, animi egestas	*geistige Beschränktheit, borniertes Wesen*
inaequabilis virium exercitatio, singularum virium nimia contentio	*Einseitigkeit, einseitige Anspannung*
omnis fetus ingenii reprimitur	*alle produktive Kraft (geistige Produktivität) ist gehemmt*
acies ingenii hebescit	*der Geist stumpft ab*
mentis quasi lumini officere	*den Geist verdunkeln*
mente consistere, sapere (Gegens.: furere, nihil sapere)	*vernünftig sein, bei Trost sein*
de sanitate ac mente deturbari	*den Verstand verlieren*
mente captum esse	*verrückt sein*
ad sanitatem redire, ad se redire	*wieder vernünftig werden*
cogitatione imaginem alicuius rei fingere	*sich in der Phantasie (in Gedanken) ein Bild von etwas machen*
cogitatione res depingere, visa cogitatione informare	*phantasieren, sich etwas vorstellen*
procul a concipiendis (animo) imaginibus abesse	*keine Phantasie besitzer*
divinatio (animi praesagientis)	*eine Ahnung*
sensus hominum tacitus	*das Unbewußte*
quasi longo intervallo interiecto videre aliquid	*etwas in weiter Ferne sehen*
coniectura (suspicione) adsequi aliquid	*etwas erraten*
longe in posterum prospicere	*weit in die Zukunft blicken*
animo occurrere	*vor die Seele treten*
(imitando) effingere atque exprimere aliquem	*ein treues Bild von jd. geben*
exprimere aliquid aliqua re	*ein deutliches Bild von etwas geben*
expressa alicuius rei imago	*ein sprechendes Bild von etwas*
species alicuius rei in oculis mihi versatur (obversatur oculis, ante oculos)	*ein Bild von etwas schwebt mir vor den Augen*
mente conspicere aliquem	*jd. im Geiste vor sich sehen*
videre (audire) videor aliquem (aliquid)	*ich sehe (höre) im Geiste jd. (etwas)*
in animo haerere	*im Geiste haften*
in mente alicuius insidet species eximia quaedam pulchritudinis	*jd. trägt ein Ideal der Schönheit in sich*

exemplar (specimen, effigies, imago, species, simulacrum) pulchritudinis	*ein Ideal der Schönheit*
summus (perfectissimus, praestantissimus) orator, perfecti oratoris (perfectae eloquentiae) species et forma	*der ideale Redner*
summa quaeque appetere	*dem Ideal nachstreben*
elegantia	*ästhetisches Gefühl, Gefühl (Sinn) für Schönheit*
omnia consilia atque facta ad dignitatem et ad virtutem referre	*sich in seinem ganzen Denken und Tun von der Idee der Tugend und Ehre leiten lassen*
animo (cogitatione) fingere aliquid	*sich etwas vorstellen, sich eine Vorstellung von etwas machen*
animo praecipere aliquid	*sich im voraus eine Vorstellung von etwas machen*
res gestae vel audacissimam coniectantium spem superabant	*die Taten überboten die kühnste Vermutung*
animum attendere ad aliquid (ad aliquem), attendere, diligenter attendere aliquid (aliquem); attente audire; audire atque attendere	*acht geben auf etwas, auf jd.; seine Aufmerksamkeit etwas zuwenden*
animum intendere ad aliquid	*seine Aufmerksamkeit auf etwas richten*
attentissimo animo audire aliquem	*jdm. mit der größten Aufmerksamkeit zuhören*
omnes cogitationes defigere in aliqua re, mentem (cogitationem) omnem incitare ad aliquid; tota mente cogitare de aliqua re	*alle seine Gedanken (all sein Sinnen und Denken, sein ganzes Dichten und Trachten) auf etwas richten*
totum se ponere in contemplanda aliqua re	*etwas hingegeben (ganz versunken) betrachten*
cogitare de aliquo	*an jd. denken*
mente et cogitatione prospicere aliquid	*in Gedanken etwas voraussehen*
omnia cogitando persequi	*alles überdenken*
meditatio	*Reflexion*
omni cogitatione pertractare aliquid	*sich etwas ganz genau überlegen*
penitus in ipsam rem paene intimam pervenire	*in den innersten Kern einer Sache eindringen*
ad animum (mentes) sensusque permanare	*tief in Herz und Sinne dringen*

sententiis magis quam verbis abundare	reicher an Gedanken als an Worten sein
omni mente in ea cogitatione curaque versor, ut ...	meinen ganzen Geist beschäftigt der Gedanke und die Sorge, daß ...
omne tempus in acerrima atque attentissima cogitatione ponere	alle Zeit für das schärfste und aufmerksamste Nachdenken verwenden
mens nostra quidvis cogitatione potest depingere	unser Geist (Phantasie) kann sich alles vorstellen
hoc ne in cogitationem quidem cadit	das läßt sich nicht einmal denken
quocumque te animo et cogitatione converteris	wohin man sich mit seinem Geist und seinen Gedanken wenden mag
in mentem mihi venit aliquid (alicuius rei), occurrit mihi (aliquid)	es fällt mir etwas ein, es kommt mir etwas in den Sinn
se offerre, animum subire	sich aufdrängen (von Gedanken)
quid agis?	was fällt dir ein?

in animo habeo
    in animo mihi est
    mihi propositum est
    mihi proposui, ut
	ich habe im Sinne, ich habe vor, habe mir vorgenommen

aliquid semper ante oculos mihi versatur	es liegt mir etwas immer im Sinne
numquam ex animo excidit mihi aliquid	es kommt mir etwas nie aus dem Sinn
accidit aliquid ad animum meum	es ist mir etwas in den Sinn gekommen
sententiam mutare, de sententia decedere	anderen Sinnes werden
cogitatione adsequi aliquid	etwas begreifen
magis intellego aliquid	ich kann etwas leichter begreifen
intellegere; capere aliquid mente (cogitatione); animo et cogitatione assequi (complecti, comprehendere) aliquid	etwas verstehen, begreifen, erfassen
ex se intellegi	sich von selbst verstehen, selbstverständlich sein
apertum esse ad intellegendum	leicht verständlich sein
sua sponte videre aliquid	etwas von selbst einsehen
agnoscere aliquem; intellegere, qualis quis sit	jemanden verstehen (= sein Wesen begreifen)
procul esse a cognitione nostra	außer dem Bereiche unseres Erkennens liegen
remotissimum esse ab aliqua re	einer Sache ganz fern stehen

a voluntate et sententia alicuius rei seiunctum esse	der Tendenz und dem Geist einer Sache fern liegen
prodigii simile est aliquid	es ist etwas ganz unbegreiflich, es grenzt ans Unbegreifliche, Wunderbare
iudicium incogniti et cogniti tollere	das Kriterium zwischen Erkennbarem und Nichterkennbarem aufheben
ex communi quadam opinione hominum	auf Grund der allgemeinen Auffassung
communi intellegentia contentum esse	sich mit dem gesunden Menschenverstand begnügen
obtorpuerunt quodammodo animi	ihnen stand der Verstand still
conicere aliquid	etwas vermuten
in coniectura positum esse	auf Vermutung beruhen
quantum coniectura adsequi possum	soviel ich vermuten kann
coniecturae committere aliquid	etwas der Vermutung überlassen
coniecturam facere de aliqua re, coniectura adsequi aliquid	auf etwas schließen
coniecturam facere alicuius rei ex aliqua re	von etwas auf etwas anderes schließen
de aliis ex se facere coniecturam, ceteros ex sua natura fingere	von sich auf andere schließen

2. Gedächtnis, Erinnerung

magna (acri) memoria esse	ein gutes (treues) Gedächtnis haben
memoria tenere (retinere, custodire, complecti, comprehendere) aliquid	etwas im Gedächtnis bewahren
memoriae mandare (tradere, infigere) aliquid	sich etwas merken
in mente penitus inhaerere	sich tief einprägen
in pectus suum demittere aliquid	sich etwas einprägen
memoria repetere aliquid, redire in memoriam alicuius rei	sich an etwas erinnern
recordari aliquid	sich etwas wieder ins Bewußtsein zurückrufen
revocare animum alicuius ad memoriam alicuius rei	einem etwas ins Gedächtnis zurückrufen
repetere alicuius temporis memoriam	sich in Gedanken in eine Zeit zurückversetzen

praeterita memoria repetere	sich auf vergangene Geschichten besinnen
nondum oblitterata (obscurata) est alicuius rei memoria	die Erinnerung an etwas ist noch nicht verwischt
de memoria dilabi, e memoria excedere	dem Gedächtnis entfallen
plane effluere ex animo alicuius	einem gänzlich aus dem Gedächtnis entschwinden
oblivisci alicuius rei (aliquid), memoriam alicuius rei abicere	etwas vergessen
voluntaria quadam oblivione conterere aliquid	etwas absichtlich in Vergessenheit geraten lassen, „verdrängen"
ab oblivione hominum (atque a silentio) vindicare aliquid	etwas vor der Vergessenheit bewahren
quasi perpetua oblivione obruere aliquid	etwas in ewiger Vergessenheit begraben
oblitterare aliquid aliqua re	etwas durch etwas anderes vergessen machen
in oblivionem venire, oblivione deleri; oblitterari; obsolescere	vergessen werden
in oblivione iacere	ganz vergessen sein
ex animo meo numquam id excidet, penitus hoc animo meo infixum est (insidet); eius rei memoriam numquam abicere possum	ich kann das nie vergessen

3. Ansicht, Meinung, Urteil

sententiam aliquam tueri	eine Ansicht festhalten
fixum et statutum est aliquid	es steht etwas unwiderruflich fest
perseverantiam sententiae suae retinere	auf seiner Ansicht bestehen bleiben
demovere (deicere, deducere) aliquem de sententia	jd. von seiner Ansicht abbringen
animo novas opiniones inserere (Gegensatz: evellere insitas)	jd. neue Ansichten vermitteln
opinionum pravitate infici (imbui)	sich von verkehrten Ansichten anstecken lassen
opinionem mente comprehendere	sich eine Meinung bilden
a sua sententia discedere, remittere sententiam	seine Meinung aufgeben

in sententiam alicuius ire (concedere)	*der Meinung jds. beitreten, beipflichten (meist bei Abstimmungen im Senate gebraucht)*
sententiam alicuius sequi	*sich in seiner Meinung jdm. anschließen*
sententiam mutare, de sententia decedere	*seine Meinung ändern, eine Ansicht aufgeben*
in sententia manere (permanere, perseverare), sententiam tenere (retinere)	*bei seiner Meinung beharren*
homo intelligentissimus	*ein tüchtiger Kenner*
soluto et libero iudicio uti	*ein selbständiges und freies Urteil besitzen*
iudicium alicuius subire	*sich dem Urteil jds. unterwerfen*
persuasum habere (nicht sibi persuasum habere), exploratum habere	*überzeugt sein*
animi sui iudicium comprobatum videre	*seine Überzeugung bestätigt finden*
probe scio, non ignoro; non nescio aliquid; haud ignarus sum; non inscius sum; me non fugit; mihi exploratum est; perspectum habeo aliquid	*ich weiß recht wohl, weiß genau*
calamitate doctum esse	*durch das Unglück gewitzigt sein*

4. Irrtum, Widerspruch, Zweifel

errare, in errore versari	*irren, irre gehen*
labi per errorem	*aus Irrtum fehlen*
nisi omnia me fallunt	*ich müßte mich sehr irren*
in errorem inducere aliquem	*jd. irre machen*
in fraudem impellere aliquem	*jd. zu einem Irrtum verleiten*
sententia alicuius in magno errore est	*jd. hegt eine ganz irrige Ansicht*
errorem suum deponere	*von seinem Irrtum abkommen*
ex vano haurire (habere) aliquid	*etwas aus der Luft greifen*
clarissimis rebus tenebras obducere	*die klarsten Dinge unklar machen, verdunkeln*
in tenebris iacere	*in Dunkel gehüllt sein*
tenebras adferre (obducere) alicui rei	*etwas verdunkeln*
vitiose facere aliquid	*Fehler machen bei etwas*

contra putare, non eadem esse sententia	das Gegenteil meinen, gegenteiliger Ansicht sein
totum convertere	die ganze Sache umkehren
ad incertum revocare aliquid	etwas ungewiß machen
haec inter se pugnant (repugnant)	das widerspricht sich
secum ipse pugnat, a se ipse dissentit	er widerspricht sich selbst
pugnantia dicere	sich in Widersprüche verwickeln
abhorrere ab aliqua re	in Widerspruch stehen mit etwas
inter se dissentientia atque distracta, inter se vehementer repugnantia	Dinge, die mit sich selbst in grellem Widerspruch stehen
rerum repugnantiam non videre	den Widerspruch nicht begreifen
in dubium vocare aliquid	etwas in Zweifel ziehen
in dubium venire	in Zweifel gezogen werden, zweifelhaft sein
dubitationem non habere	keinem Zweifel unterworfen sein
omnem dubitationem expellere	jeden Zweifel heben, verbannen
ne tenussima quidem dubitatio	auch nicht der leiseste Zweifel

5. Wahrheit und Wirklichkeit

veritatem adsequi	das Wahre treffen
vere dicere, verum dicere, verum fateri, aperte loqui	die Wahrheit sagen, der Wahrheit die Ehre geben, offen reden
si verum quaeris (quaerimus)	wenn es einem um die Wahrheit zu tun ist
expertem esse veritatis	die Wirklichkeit nicht kennen
referre animum ad veritatem	auf die Wirklichkeit achten
propius accedere ad veritatem vitae	dem wirklichen Leben näher kommen

BILDUNG UND ERZIEHUNG · REDE UND SCHRIFT
KUNST UND WISSENSCHAFT

1. Bildung, Erziehung, Gelehrsamkeit

animum doctrina excolere, litterarum studio se dare, litteris se dare (dedere), litteris incumbere	*sich wissenschaftlich ausbilden*
omnibus doctrinis expolire aliquem	*jd. in allen Wissenszweigen ausbilden*
animum et mentem conformare aliqua re	*Herz und Geist durch etwas bilden*
artium studiis eruditum esse	*gebildet sein*
homo doctus	*ein Gebildeter, Gelehrter*
leviter eruditi	*Halbgebildete*
a fera agrestique vita (ex efferitate) ad humanum cultum civilemque deducere	*aus tierisch-rohem Dasein zu menschlicher und staatlicher Kultur hinaufführen*
vitae cultus, hominum vita multis rebus exculta	*die Zivilisation*
scientiam plurimarum rerum comprehendere (consequi)	*sich eine umfassende Sachkenntnis aneignen*
diligenter penitusque cognoscere aliquid	*sich sorgfältig und gründlich mit etwas vertraut machen*
studiose et multum in veteribus scriptis versari	*eine fleißige und intensive Klassikerlektüre treiben*
usus librorum	*der Umgang mit Büchern*
abhorrere a litteris atque ab humanitate	*mit wissenschaftlicher Bildung unverträglich sein; von Bildung nichts wissen wollen*
qui profitentur aliquid (z. B. qui profitentur mathematicam)	*Männer vom Fach, Spezialisten (Mathematiker von Fach)*
artificem esse alicuius rei	*Meister in etwas sein*
nihil ab aliquo nisi perfecte fit	*jd. beweist sich in allem als vollkommener Meister*
in aliqua re intellegentem esse	*ein Kenner sein*
intellegentium iudicium (Gegensatz: indoctorum iudicium)	*das Urteil von Kennern*

penitus cognitum habere aliquid	*etwas genau kennen*
habitare in aliqua re (in foro, in rostris)	*irgendwo zu Hause sein*
artem aliquam tenere	*eine Wissenschaft beherrschen*
versatum esse in aliqua re	*in etwas bewandert sein*
hospitem esse in aliqua re	*in einem Fache nicht zu Hause sein*
alicuius rei rudem esse ac tironem	*ein völliger Anfänger in etwas sein*
ne de facie quidem nosse aliquid	*etwas nicht einmal äußerlich kennen*
leviter attingere aliquid	*sich oberflächlich mit etwas befassen*
mediocriter a doctrina instructum esse	*nur mäßige theoretische Kenntnisse besitzen*
ab artibus et disciplinis abhorrere	*kein Interesse für Kunst und Wissenschaft zeigen*
homo litteratus	*ein Gelehrter, Gebildeter*
homines litteris ac studiis doctrinae dediti	*die gelehrte Welt*
doctum esse, doctrina ornatum esse	*gelehrt sein, wissenschaftlich gebildet sein*
litteris egregie imbutum esse, doctrina abundare	*sehr gelehrt sein, grundgelehrt sein*
varietas litterarum (varia scientia praeditum esse)	*vielseitige Gelehrsamkeit (vielseitiges Wissen besitzen)*
divitiae atque ornamenta ingenii	*reicher geistiger Besitz*
artes elegantes et ingenuae (bonae, liberales)	*die höhere Bildung, die freien Künste*
versari in studio litterarum	*sich mit wissenschaftlichen Studien beschäftigen*
otio studioque abundare	*viel Zeit zu wissenschaftlichen Studien haben*
ingenium excolere disciplinis	*sich wissenschaftlich bilden*
litteris studere (operam dare), in studio litterarum versari; tempus litterarum studiis dare	*studieren, sich mit wissenschaftlichen Studien befassen*
librorum copiam comparare	*sich eine Bibliothek anlegen*
omnibus numeris absolutum (perfectum) esse	*in jeder Hinsicht vollkommen (ideal) sein*
plenum atque refertum esse alicuius rei (aliqua re)	*vollgepropft sein mit etwas*
ad aliud studium se transferre	*sich einem anderen Fache zuwenden*

2. Unterricht und Schule

in manibus alicuius educari	*unter den Händen jds. aufwachsen*
litteris doctrinaque puerili tradi	*Gegenstand des Elementarunterrichts sein*
nescio quo pacto ad docendi rationem delabi	*unwillkürlich ins Dozieren geraten*
haec res duplicem habet docendi viam	*das kann man auf zweifache Art lehren*
omnibus doctrinis expolire aliquem	*jd. in allen Zweigen des Wissens ausbilden*
operam dare alicui rei, operam navare alicui rei, operam conferre ad (in) aliquam rem; studium ponere (consumere) in aliqua re	*Fleiß auf etwas verwenden, etwas mit Eifer betreiben, sich bei etwas Mühe geben*
quasi dictata decantare	*etwas herleiern*
pervulgata praecepta decantare	*ganz bekannte Regeln herleiern*
omnium communia et contrita praecepta discere	*allgemeine und allbekannte Regeln lernen*
subsicivis operis discere aliquid	*sich in Mußestunden etwas aneignen*
in studiis omne otiosum tempus conterere	*alle seine Mußestunden mit Studieren ausfüllen*
ludum aperire (habere)	*eine Schule eröffnen, halten*
a disciplina alicuius proficisci	*aus der Schule jds. kommen*
in disciplinam alicuius se tradere	*bei jd. in die Schule gehen, jds. Schüler werden*
sectam atque instituta philosophi alicuius sequi (persequi)	*sich der Schule und dem System eines Philosophen anschließen*
qui a Platone profecti sunt	*die Platoniker, die Schule Platons*
disciplina, secta	*philosophische Schule, Sekte*
nimium (nimis) diligentem (acrem) esse	*ein Pedant (pedantisch) sein*
multum et saepe versatum esse in aliqua re	*viel Übung in etwas besitzen*
non mediocriter exercitatum esse	*nicht wenig geübt sein*
ediscere, memoriae mandare (tradere) aliquid	*etwas auswendig lernen*
memoria complecti aliquid, memoria tenere aliquid	*etwas auswendig können*
memoriter narrare (recitare, pronuntiare) aliquid	*etwas auswendig vortragen, hersagen*
voce praeire alicui aliquid	*einem etwas vorsprechen*

3. Wort und Ausdruck

librum scribere (componere, conficere)	*ein Buch schreiben*
librum mittere ad aliquem	*jd. ein Buch widmen*
ad verbum ediscere	*wörtlich auswendig lernen*
ad verbum, non ad sententiam accipere aliquid	*etwas wörtlich und nicht nach dem Sinne nehmen (auffassen)*
scriptum omittere, scriptoris sententiam considerare	*nicht auf den Wortlaut, sondern auf die Absicht des Verfassers achten*
verba, non rem sequi	*auf die Worte, nicht auf die Sache sehen*
verba sequi (consectari)	*sich an die Worte halten*
a verbis recedere	*sich nicht an die Worte halten*
sententias verbis finire (definire)	*Gedanken in Worte fassen, formulieren*
quid satis dici potest de . . .?	*wo kann man Worte finden für . . .?*
sub voce (voci) sententiam (vim) aliquam subicere	*einem Worte eine Bedeutung unterlegen*
monumenta ac litterae Graecorum	*die Literatur der Griechen*
monumentis et litteris mandare aliquid	*etwas schriftlich (urkundlich) aufzeichnen*
sermonem hominum inducere	*Personen im Dialog einführen*
librum in disputatione et dialogo de aliqua re scribere	*etwas in Gesprächsform behandeln*
opus perpolire atque conficere (absolvere)	*ein Werk vollenden*
liber est de aliqua re	*ein Buch handelt von etwas*
uti instituto suo	*seinem Plane treu bleiben*
plenum delectationis esse	*sehr interessant (anziehend) sein*
monumentis mandare aliquid	*etwas zu Papier bringen*
cogitationes suas litteris mandare	*seine Gedanken schriftlich aufsetzen*
populariter scribere	*populär schreiben*
ad opinionem communem (vulgarem) omnem accomodare rationem	*sich ganz populär ausdrücken*
genus orationis fusum atque tractum	*ein gemütlicher, breiter Stil*
ad scribendi studium se conferre	*Schriftsteller werden*
oratio, elocutio; dictio; genus dicendi	*Stil*
litteris monumentisque decorare aliquid	*etwas durch seine Bücher verherrlichen*
in vulgus edere aliquid (Gegensatz: supprimere)	*etwas veröffentlichen*
volumen explicare, librum evolvere	*eine Lektüre anfangen*

4. Redner, Rede, Stil und Vortrag

studium oratoris in frequentia audientium nititur	eine zahlreiche Zuhörerschaft bietet dem Redner Anregung
disertum esse, eloquentem esse; eloquentia (dicendo) valere (excellere); bonum oratorem esse	beredt sein, ein tüchtiger Redner sein
oratorem exprimere (informare)	den Typ eines Redners darstellen
speciem et formam eloquentiae adumbrare	ein Idealbild der Beredsamkeit aufstellen (entwerfen)
se ad dicendum dare	sich der Beredsamkeit widmen
in dicendo aliquid consequi (perficere)	in der Beredsamkeit etwas leisten
ad summam gloriam eloquentiae efflorescere	der berühmteste Redner werden
homo lingua (in dicendo) promptus	ein schlagfertiger Mann
lenis et aequabilis orationis tractus	ein sanfter und gleichmäßiger Fluß der Rede
inter dicendi contentionem inconsultius aliquid proicere	im Eifer der Rede eine unbesonnene Äußerung fallen lassen
dicere, loqui; verba facere	reden, sprechen
mentionem facere de aliqua re (alicuius rei)	von etwas sprechen, etwas erwähnen
agitare, in medium proferre aliquid	etwas zur Sprache bringen
omittere aliquem	von jd. nicht sprechen
in utramque partem disputare	dafür und dagegen (pro und contra) sprechen
in neutram partem disputare	weder für noch gegen etwas sprechen
deferri ad aliquid	auf etwas (zu sprechen) kommen
id quaeritur	es ist davon die Rede
oratio delapsa est in aliquid	die Rede ist zufällig auf etwas gekommen
res omnium sermone celebrata	ein allgemein (viel) besprochener Gegenstand
ad id, quodcumque agitur, apte congruenterque dicere	seinen Stil dem jeweiligen Verhandlungsgegenstand anpassen können
animum alicuius, quocumque res postulat, impellere	die Gedanken jds. in jede Richtung lenken, welche der Gegenstand verlangt
orationem commentari (meditari)	sich auf eine Rede vorbereiten
accusationem meditari	sich auf eine Anklage vorbereiten
oratio celeris et concitata	eine rasche und feurige Sprache

oratio gravibus verbis ornata	eine wuchtige (eindringliche, nachdrückliche, packende) Rede
et verborum et sententiarum ponderibus uti	gewichtige Worte und Gedanken gebrauchen
lectissimus verbis uti	gewählte Ausdrücke verwenden
permovere animos audientium admirabili dicendi vi	seine Hörer durch hinreißende Beredsamkeit erschüttern
accomodate ad persuadendum dicere	überzeugend reden
teretes aures habere intellegensque iudicium	ein feines Ohr haben und Geschmack (sachkundiges Urteil) besitzen
iudicium acuere (exacuere), ad iudicandi elegantiam ingenium exacuere	seinen Geschmack bilden
oratio longe a nostris sensibus abhorrebat	die Rede war unserem Geschmack sehr zuwider
ad ineptias delabi (deferri)	in Geschmacklosigkeit verfallen
tempori adsentiri	dem Zeitgeschmack huldigen
horum temporum mores	unser Zeitgeist
illustrare atque exornare orationem	seinem Ausdruck (Stil) Glanz und Schmuck verleihen
ornatus sermonis	ein prachtvoller Stil
lumen orationis	eine schöne Stelle
verborum ornatus, oratio pulchra; oratio exornata; venustas orationis	schöne Darstellung (Stil)
creber sententiis	reich an schönen Gedanken
redundat oratio alicuius	jd. schreibt sehr wortreich
integritas atque sinceritas	treuherzige Einfalt
innatus, nativus, insitus	ungesucht, natürlich
incorruptus atque integer	natürlich, unverfälscht
ad quotidiani genus sermonis accedere	sich der Ausdrucksweise des gewöhnlichen Lebens nähern
brevitas sententiarum plena	gedankenschwere Kürze
brevitas concisa	gedrängte Kürze
inani vocis sono decorare aliquid	etwas mit leerem Wortgepränge herausstaffieren
voces inanes fundere	leere Reden führen
flumine inanium verborum conturbari	sich durch leeren Wortschwall aus der Fassung bringen lassen
aliquid maius est, quam quod exaequari possit verbis	etwas spottet aller Beschreibung
imitatio depravata	eine Karikatur, Zerrbild

festivitas, lepos, facetiae, sales, urbanitas	*Humor*
verborum inversio, dissimulatio; dissimulantia; ironia dissimulantiaque	*Ironie*
certa quadam numerorum moderatione adstrictum esse	*an einen bestimmten Rhythmus gebunden sein*
numerose cadere	*rhythmisch fließen*
quaedam ad numerum conclusio	*ein rhythmischer Satzschluß (Klausel)*
exsultare verborum audacia	*sich in kühnen Ausdrücken bewegen*
inflatum (tumidum) orationis genus	*eine schwülstige Ausdrucksweise*
quaesitum dicendi genus	*gesuchter Stil*
verba effervescentia et redundantia	*übersprudelnde und überschwengliche Ausdrücke*
verborum sonitus inanis nulla subiecta sententia nec scientia	*ein hohles Wortgetön, ohne daß ein Gedanke oder Kenntnisse zugrunde liegen*
perpetua oratione contra disputare	*in einem zusammenhängenden Vortrage gegen etwas sprechen*
remissiore genere dicendi uti	*etwas lässiger sprechen*
est aliquid in consuetudine sermonis alicuius (Gegensatz: non cadit in consuetudinem)	*der Sprachgebrauch hat etwas festgesetzt*
verba ad nostram consuetudinem apta	*Ausdrücke, die unserem Sprachgebrauch entsprechen*
auribus consuetudinique parcere	*auf Wohlklang und Sprachgebrauch Rücksicht nehmen*
ut gravissimo verbo utar	*um den stärksten (nachdrücklichsten) Ausdruck zu gebrauchen*
ut levissime dicam	*um mich des gelindesten Ausdrucks zu bedienen*

5. Behandlung eines Themas

ponere (proponere), de quo quis disputet (scribat: bei schriftlicher Darstellung)	*ein Thema aufstellen*
propositio	*die Aufstellung des Themas*
locum tractare, disserere de aliqua re	*ein Thema behandeln*
de re omni, quaecumque est proposita, ornate copioseque dicere	*sich über jedes Thema, das einem gestellt wird, mit Geschmack und Geist aussprechen*

ab eo, quod propositum est, (longius) aberrat oratio, egredi (deflectere) a proposito; digredi a causa	*in seinem Vortrage vom Thema (von der Sache) abschweifen*
praeponere aliquid, praedicere aliquid	*etwas vorausschicken*
ingredi (intrare) in aliquam rem	*auf einen Gegenstand eingehen*
propius accedere ad aliquid	*näher auf etwas eingehen*
latius aliquid dicendo (scribendo) prosequi	*etwas weiter ausführen*
subtiliter et copiose perscribere aliquid	*etwas in gründlicher und ausführlicher Weise behandeln*
copiose et abundanter loqui de aliqua re, pluribus verbis disserere de aliqua re	*weitläufig über etwas sprechen*
in rebus singulis insistere	*bei den Einzelheiten stehen bleiben*
tantummodo consuetudinis causa attingere aliquid	*etwas nur obenhin berühren*
perquam breviter perstringere atque attingere aliquid	*etwas sehr kurz und nur oberflächlich berühren*
tantummodo consuetudinis causa attingere aliquid	*etwas bloß der Form halber (pro forma) erwähnen*
breviter strictimque dicere (exponere) de aliqua re	*etwas kurz und bündig behandeln*
brevi comprehendere, paucis absolvere aliquid	*sich kurz fassen*
ut brevis sim, ne longus sim	*um es kurz zu machen*
ad summam	*kurz (= mit einem Worte)*
nihil dico amplius	*ich sage nichts weiter*
ut longius progrediar	*um noch weiter zu gehen*
aliquid extremum sibi proponere	*einen Punkt zuletzt behandeln wollen*
undique mihi suppeditat, quod dicam	*es fehlt mir durchaus nicht an Stoff zum Reden*

6. Beweisführung

relictis (missis, omissis) iam ceteris argumentis	*abgesehen von den übrigen Beweisen*
etiam si recedam a ...	*wenn ich auch davon absehen will*
similitudines adferre	*analoge Fälle anführen*
similitudinem alicuius rei perspicere in aliqua re	*einen analogen Fall in etwas erkennen*

describere aliquem, significare aliquem (nicht alludere ad!)	auf jd. anspielen
exemplum proferre	ein Beispiel anführen
summos viros (factum aliquod) proferre	berühmte Männer (eine Tatsache) anführen
ad exempla revocare aliquem	jd. auf Beispiele verweisen
laudare aliquid, aliquem	sich auf etwas, auf jd. berufen
saepe recitare aliquid	sich immer wieder auf etwas berufen
auctore aliquo uti, auctoritatem alicuius sequi	einen Gewährsmann für etwas haben
documentum capere ex aliqua re	einen Beweis von etwas hernehmen
probare aliquid, argumentis docere; demonstrare (firmare, confirmare) aliquid	etwas beweisen
maxima alicuius rei documenta edere	vollgültige Beweise von etwas liefern
coarguere aliquid	etwas als falsch nachweisen
planum facere alicui aliquid	einem etwas klar machen
rem acu tangere	den Nagel auf den Kopf treffen
exstat atque eminet, apparet atque exstat aliquid	es tritt etwas klar (anschaulich) hervor, stellt sich heraus
uti eo, unde digressa est oratio, revertar	um nach diesem Exkurs auf unser Thema zurückzukommen
ad rerum ordinem redire	den Faden der Erzählung wieder aufnehmen
omittere id, quod quaeritur	den eigentlichen Gegenstand der Untersuchung außer Acht lassen
generatim atque universe loqui de aliqua re	im allgemeinen über etwas sprechen
quaerendum esse mihi visum est	es hat sich mir die Frage aufgedrängt
ad incertum revocare aliquid	etwas in Frage stellen
numquam percontanti aut quaerenti deesse	jemandem nie eine Frage schuldig bleiben
vehementer quaeritur, num ...	es fragt sich sehr, ob ...
de ipso universo genere infinita quaestio est, num ...	es handelt sich nur um die allgemeine Frage, ob ...
sic est expressum aliquid, ut cernere et paene tangere videaris	etwas ist so anschaulich dargestellt, daß man es mit den Händen greifen zu können meint
exstat atque eminet aliquid	etwas tritt anschaulich hervor

rerum, quasi gerantur, sub adspectum paene subiectio	*starke Veranschaulichung*
exprimere (patefacere et illustrare) aliquid	*etwas anschaulich machen*
sensibus et oculis subicere, ante oculos ponere aliquid	*etwas zur sinnlichen Anschauung bringen*
altius repetere	*weiter ausholen*
longe repetere, longe ducere aliquid	*etwas weit herholen*
prooemium instructum sententiis, aptum verbis	*eine Einleitung, die reich an Gedanken und treffend im Ausdruck ist*
in promptu esse	*nahe (auf der Hand) liegen*
ordinem sequi (tenere)	*folgerecht weiter gehen*
moveri aliquo acute concluso	*sich durch eine scharfsinnige Folgerung bestechen lassen*
argumentorum sedes ac loci	*Quellen und Fundstätten für Beweise*
reconditis atque abditis fontibus haurire	*aus tiefen und versteckten Quellen schöpfen*
in contentionem (in controversiam) venire	*strittig werden*
longe abhorrere ab aliqua re	*mit etwas nichts zu tun haben*
cum aliquo facere	*es mit jd. halten*
stat aliquid ab adversariis meis	*es spricht etwas für meine Gegner*
perfacilem rationem reprehendendi habere	*sich sehr leicht widerlegen lassen*
refellere et redarguere aliquid	*etwas gründlich widerlegen*
aut arguendo aut refellendo dicere aliquid	*etwas in Form einer Beschuldigung oder Widerlegung vorbringen*
plura in unum conducere, plura unum in locum cogere	*mehrere Sätze zusammenfassen*
multae causae in unum locum conveniunt	*es kommen viele Gründe zusammen*
in confessum venire (Plin. min.)	*allgemein zugestanden sein*

7. Geschichte und Geschichtsschreibung

omnis haec et antiquitatis memoria	*die ganze neue und alte Geschichte*
paulo supra hanc memoriam	*nicht lange vor unserer Zeit*
horum temporum memoria, res nostra aetate gestae	*die neueste Geschichte*

res Romanae, res a Romanis gestae	*die römische Geschichte*
heroica tempora	*die mythische Zeit*
res Graecae et Romanae; veterum annales; antiquitatis memoria	*die Alte Geschichte, die Geschichte des Altertums*
res humanae, res a genere humano gestae	*die Geschichte der Menschheit*
historia, rerum gestarum narratio	*Geschichte (als Darstellung, Überlieferung, Geschichtsforschung und -wissenschaft)*
historiarum libri, annales	*ein Geschichtswerk*
res ad historiae fidem describere	*Geschichte schreiben*
rerum scriptor, historiarum scriptor, historicus	*ein Geschichtsschreiber*
rebus conscribendis operam dare, ad historiam se conferre	*Historiker werden*
auctor	*der Gewährsmann, die „Quelle"*
auctor fide dignissimus	*ein glaubwürdiger (Quellen-)Schriftsteller*
aetas memoriae fide nota, (nie „historicus" für „geschichtlich" verwenden!)	*geschichtliches Zeitalter*
exempla repetere (promere, sumere) ex rerum gestarum monumentis	*Beispiele aus der Geschichte entlehnen*
ex annalium monumentis testes excitare	*sich auf das Zeugnis der Geschichte berufen*
testatior est memoria	*es ist eine besser bezeugte Überlieferung*
perpetua rerum gestarum historia	*eine zusammenhängende Geschichtsdarstellung*
omnem rerum memoriam breviter complecti (comprehendere)	*die ganze Geschichte kurz zusammenfassen*
memoria(e) proditum est	*die Geschichte erzählt*
apud rerum scriptores scriptum videmus, scriptum est	*wir finden in der Geschichte ...*
monumentis annalium mandare aliquid	*etwas historisch überliefern*
temporibus (temporum descriptionibus) errare	*sich in der Chronologie irren*
historice prosequi aliquid	*etwas historisch behandeln*
historiae fide comprobari (comprobatum esse)	*historisch beglaubigt sein*

ab oblivione hominum atque a silentio vindicare aliquid	etwas vor dem Vergessen und Verschwiegenwerden bewahren
memoriam illius viri excipient omnes anni consequentes	das Andenken dieses Mannes wird in alle Zukunft leben
in fabularum numero reponere aliquid	etwas für ein Märchen halten
incredibile videtur aliquid	es kommt mir etwas wie ein Märchen vor
ostenta (signa) ad naturam revocare	Wunder natürlich erklären

8. Naturwissenschaft

quaestionem de integro habere	etwas von neuem untersuchen
quae de natura quaeruntur	naturwissenschaftliche Untersuchungen
spectator caeli siderumque	ein Astronom
res, quae sunt alicuius rei propriae	Eigenschaften, Wesenszüge
causas atque exitus rerum cognoscere	Entstehen und Vergehen in der Natur erforschen
totum se ad investigationem naturae conferre	sich ganz der Naturwissenschaft widmen

9. Kunst und Dichtung

artem profiteri, artem tradere	eine Kunst lehren
ab artibus se removere	sich nicht mehr mit der Kunst beschäftigen
magna artificia sunt in urbe aliqua	es herrscht reges Kunstleben in einer Stadt
ornamenta, opera arte facta	Kunstwerke
sunt haec antiquo opere et summo artificio facta	es sind dies feine Kunstwerke von alter Arbeit
liber est aptus ad animos legentium alliciendos	ein Buch ist interessant
hoc singulari opere artificioque perfectum est	das ist ein ausgezeichnetes Kunstwerk
scriptores optimi (praestantissimi)	die Klassiker
opere mirabili perfectum	ein bewundernswertes Kunstwerk
oratio prosa, sermo pedester; oratio soluta	Prosa
poesis, poetica; carmina	Poesie, Dichtung, Dichtkunst

cotidiana Homeri lectione uti	*täglich seinen Homer lesen*
Homerus bellum Troianum versibus celebravit (persecutus est)	*Homer besang den trojanischen Krieg*
poetice prosequi aliquid	*etwas dichterisch behandeln*
poeticis fabulis decorum esse	*dichterisch ausgeschmückt sein*
exponere aliquid, quasi agatur res, non quasi narretur	*etwas dramatisch, nicht episch behandeln*
exemplaria adnotare	*Bücher mit kritischen Zeichen versehen*
poema condere	*ein Gedicht machen*
varium et elegans omni fere numero poema fecisti	*du hast ein interessantes, in jeder Hinsicht schönes Gedicht gemacht*
fabulam docere	*ein Schauspiel einüben, einstudieren*
qui modos faciunt	*Komponisten*
homo symphoniacus	*ein Musiker*
symphonia canit	*die Musik spielt*
sine cantu	*ohne Musik*
deducere (prosequi) aliquem cum cantu atque symphonia	*einen mit Gesang und Musik nach Hause begleiten*

10. Philosophie

quae tangi demonstrarive non possunt, cerni autem animo atque intellegi possunt	*abstrakte Begriffe*
infinita generis sine tempore, sine persona quaestio	*eine abstrakte Frage*
quaestio paulo abstrusior	*eine recht abstrakte Untersuchung*
infinite de universo genere quaerere	*eine abstrakte Frage behandeln*
expressa alicuius rei signa	*konkrete Merkmale*
quae cerni tangive (tangi demonstrarive) possunt	*konkrete Gegenstände*
certa res	*eine konkrete Sache*
a propriis personis atque temporibus avocare controversiam	*von konkreten Personen und Zuständen bei einer Streitfrage absehen*
definire aliquid	*den Begriff von etwas bestimmen*
haec notio subiecta est verbo, hoc verbum significat	*dieser Begriff liegt dem Wort zugrunde, dieses Wort bedeutet*
late patere	*einen weiten Umfang haben (auch: wichtig sein)*

angustius valere	*einen engeren Umfang haben, eine engere Bedeutung haben*
concludi in aliqua re	*auf etwas beschränkt sein*
rationem alicuius rei attingere	*an das Gebiet von etwas streifen*
in angustum deducere (contrahere) aliquid	*etwas auf ein enges Gebiet beschränken*
sibi constare, consequentia tueri	*konsequent bleiben*
philosophos ex perpetuitate atque ex constantia spectare	*Philosophen nach dem Zusammenhange und der Konsequenz ihres Systems beurteilen*
sibi non constare	*inkonsequent sein (von Personen)*
non (parum) consentaneum esse	*inkonsequent sein (von Sachen)*
crimen inconstantiae effugere	*dem Vorwurf der Inkonsequenz entgehen*
maxima in aliqua re versatur inconstantia	*es herrscht in etwas eine große Inkonsequenz*
disserendi ratione comprehendere aliquid	*auf dem Wege dialektischer Entwicklung zu etwas kommen*
disserendi artem nullam habere	*keine Logik kennen*
disserendi elegantiam contemnere	*auf logische Richtigkeit nichts geben*
acumen dialecticorum	*logischer Scharfsinn*
verbis contendere	*disputieren*
via ac ratione procedere	*wissenschaftlich (methodisch) vorgehen*
dividere	*klassifizieren*
membra alicuius rei dividere	*etwas zergliedern*
in ordinem redigere, ordine disponere aliquid	*etwas ordnen, in Ordnung bringen*
partes alicuius rei in ordinem redigere, partes discribere	*die Teile von etwas ordnen*
via accedere ad aliquid	*in gehöriger Ordnung (methodisch) an etwas herangehen*
partes generibus subiciuntur	*die Arten sind ihren Gattungen untergeordnet*
generibus inlustrare aliquid	*etwas unter allgemeine Kategorien fassen und so verständlicher machen*
in aliquod genus cadere, rationem attingere alicuius rei	*in die Kategorie von etwas gehören*
per omnes partes doctrinae manare et fundi	*alle Einzelwissenschaften durchdringen (z. B. ein bestimmtes Prinzip)*
inquirere in aliquid	*etwas untersuchen*

penitus in disputationem alicuius rei venire	*sich völlig in eine Untersuchung vertiefen*
in mera philosophandi subtilitate versari	*die tiefsten philosophischen Spekulationen anstellen*
ne minima quidem societate coniungi alicui rei	*nicht im mindesten mit etwas verbunden sein*
alicui rei finitimum, cognatum esse	*verwandt sein mit etwas*
cohaerere et continuatum esse	*in einem organischen Zusammenhange stehen*
aliud est ars ipsa, aliud quod propositum est arti	*die Wissenschaft ist etwas anderes als ihr Objekt*
ad generis ipsius universam quaestionem referre aliquid	*etwas auf eine prinzipielle Frage zurückführen*
aliquam comparationem habere	*ein relatives Verhältnis zulassen*
cum ceteris comparando bonum appellare aliquid	*etwas relativ gut nennen*
aut simpliciter aut comparate quaeritur	*eine Frage wird entweder absolut oder relativ gestellt*
genere (pondere), non magnitudine (numero) differre	*qualitativ, nicht quantitativ verschieden sein*
sententiae philosophorum	*philosophische Gedanken*
quae in philosophia tractantur	*philosophische Sätze*
rationes, quae de natura generis humani ac moribus a philosophis explicantur	*philosophische Theorien über Wesen und Charakter der Menschen (Anthropologie)*
philosophi alicuius (philosophiae) ratio (disciplina)	*ein philosophisches System*
formam aliquam philosophiae instituere	*ein philosophisches System aufstellen*
disciplinam aliquam corrigere conari	*die Reform eines Systems versuchen*
disciplina accurate fundata et exstructa	*ein sorgfältig begründetes und ausgebildetes System*
certam quandam disciplinae formulam componere, rationem artemque alicuius rei tradere	*ein bestimmtes System in einer Wissenschaft aufstellen*
artificiose redigere aliquid	*etwas systematisch ordnen*
ad rationis praecepta accommodare aliquid	*etwas systematisch behandeln*
novitatem nominum inducere	*eine neue Terminologie einführen*
magister atque artifex	*ein bloßer Theoretiker*

minus instructum esse artium disciplinis	unzureichende theoretische Kenntnisse besitzen
aut ad cognoscendi aut ad agendi rationem referri	theoretische oder praktische Bedeutung haben
artem aliquam ad usum transferre	eine Wissenschaft praktisch anwenden
Stoicorum est nobilis disciplina	die Schule der Stoiker ist berühmt
ratio profecta a Socrate, repetita ab Arcesila	eine Methode, die Sokrates entwickelt, Arkesilaos aufgenommen hat
philosophia in tres partes est tributa, in naturae obscuritatem, in disserendi subtilitatem, in vitam atque mores	die Philosophie zerfällt in drei Teile, die Naturwissenschaft, die Dialektik und die Ethik
omnis summa philosophiae ad bene vivendum refertur	Sinn und Zweck der Philosophie wird im glücklichen Leben gesehen
philosophia continet bene vivendi disciplinam	die Philosophie hat die Anweisung zum rechten Leben als Inhalt
omnis ratio vitae definitione summi boni continetur	die ganze Art der Lebensführung ist in der Definition des höchsten Gutes mitinbegriffen
ea pars philosophiae, in qua de bonis rebus et malis deque hominum vita et moribus disputatur	der ethische Zweig der Philosophie, die Ethik
efficiet ratio, ut mors malum non sit	die vernunftgemäße (philosophische) Überlegung wird es fertigbringen, daß der Tod kein Übel mehr ist

MASS, WERT, URTEIL · GUNST UND HASS
LOB UND TADEL, RUHM UND SCHANDE · BITTE UND DANK
RAT UND HILFE · TROST UND VERTRAUEN

1. Maß und Wert

medium quendam cursum tenere, medium quoddam consilium capere	einen Mittelweg einschlagen
revocare (dirigere) aliquid ad rationem alicuius rei; metiri aliquid ex aliqua re	den Maßstab von etwas an eine Sache legen
compensare aliquid (cum) aliqua re	etwas durch etwas aufwiegen
magnum pondus habere apud aliquem; magno pondere (magni ponderis) esse apud aliquem	bei jd. viel gelten, großen Einfluß bei jd. haben
ad summum perduci	den höchsten Grad erreichen
paene (prope) divinum esse	ans Fabelhafte, ans Übernatürliche grenzen
numerum excedere	eine Zahl überschreiten
adscribere in numerum, in numerum referre	zu einer Zahl (Klasse) rechnen, in eine Zahl aufnehmen
ad summum	höchstens (bei Zahlen)
duabus partibus amplius	zweimal mehr (dreimal soviel)
explicare, quo non amplius a quoque sit postulandum	für jeden die Maximalforderung festsetzen
rationem inire, rationem conficere	die Rechnung machen
rationes referre, rationem dare	Rechnung ablegen
ratio non constat	die Rechnung stimmt nicht
rationem ducere alicuius rei, respicere aliquid	einem Umstand Rechnung tragen, ihn berücksichtigen
temporibus adsentiri (servire, inservire)	den Zeitumständen Rechnung tragen, sich in die Zeiten schicken
nihil pensi habere aliquid	keine Rücksicht auf etwas nehmen (sich an etwas nicht kehren)
sine ullo rerum hominumque respectu	rücksichtslos
quaerere (spectare) aliquid	auf etwas sehen

pulchritudinem non sequi	*nicht auf Schönheit sehen*
non splendorem et speciem alicuius rei intueri	*nicht auf die glänzende Außenseite von etwas sehen*
rei alicuius magnitudine dignum esse	*der Größe eines Gegenstandes entsprechen*
convenire (quadrare, cadere) in aliquem	*auf jd. passen*
non valet aliquid in aliquem	*etwas gilt von jd. nicht, läßt sich von jd. nicht behaupten*

2. Wertung, Meinung und Urteil

mirari, admirari aliquid (b. folg. Objektsatz quod od. si)	*etwas auffallend finden*
parvi aestimare (facere, ducere, pendere)	*gering achten, gering schätzen*
posterius ducere aliquid aliqua re	*etwas geringer achten als etwas*
contemnere (pro nihilo putare) aliquid	*etwas für nichts achten*
nihil ad me attinet aliquid	*es ist mir etwas gleichgültig*
mihi perinde est, sive loqueris sive taces	*es ist mir gleich, ob du sprichst oder schweigst*
existimatio hominum, existimatio (opinio) communis	*die öffentliche Meinung*
satis docilem se praebere ad sententiam aliquam	*sich recht empfänglich für eine Ansicht zeigen*
idem sentire, eiusdem animi esse	*gleichgesinnt sein*
summo (omnium) consensu	*mit allgemeiner Zustimmung*
una voce et consensu approbare aliquid	*etwas einstimmig gutheißen*
communi in speciem consensu	*bei scheinbar allgemeiner Zustimmung*
una et consentiens vox erat (m. AcI)	*es herrschte darüber nur eine Stimme*
levitatem temere adsentientium contemnere	*sich aus leichtfertiger, gedankenloser Zustimmung nichts machen*
bonum opinatum	*ein Scheingut (eingebildetes Gut), scheinbarer Vorzug*
in bonam partem accipere aliquid	*etwas gut aufnehmen*
in meliorem partem interpretari aliquid	*eine Sache milder auslegen*
quid est aliud ... (AcI) nisi ...?	*heißt das nicht ...?*
id refert, utrum ... an ...	*es kommt darauf an, ob ... oder ...*
spectare aliquem ex aliqua re	*jd. nach etwas beurteilen*

consilia eventis ponderare	*die Absicht nach dem Erfolg beurteilen*
iudicare, quod non nostri iudicii est	*etwas beurteilen, wozu man nicht kompetent ist*
iudicium facere de aliquo	*ein Urteil über jd. aussprechen*
iudicium alicuius rei facere	*sein Urteil über etwas aussprechen*
alicuius arbitrio permittere aliquid, aliquid referre ad arbitrium alicuius	*jds. Urteil etwas überlassen*
suo iudicio stare	*auf seinem eigenen Urteil fußen, selbständig urteilen*
diligenter et prope fastidiose iudicare	*in seinem Urteile sehr wählerisch, beinahe pedantisch sein*
abiudicare ab aliquo aliquid	*jd. etwas absprechen (z. B. Treue)*
opinionibus vulgi oppressum esse	*in Vorurteilen befangen sein*
ad arbitrium alicuius (unklassisch: ad libitum)	*nach jds. Belieben*
sibi vindicare (requirere) aliquid	*etwas in Anspruch nehmen*
repetere aliquid ab aliquo	*etwas von jd. beanspruchen*
partem aliquam laudis appetere	*auf einen Teil des Ruhmes Anspruch erheben*
nihil ad aures admittere	*nichts hören wollen*
consilium in providendo	*Klugheit und Voraussicht*
humanum consilium	*Menschenwitz, menschliche Klugheit*
alieno malo sapere	*durch fremden Schaden klug werden*
usu rerum praeditum (imbutum) esse	*Erfahrung haben, erfahren sein*
homo plurimarum rerum usu (multo rerum usu) praeditus	*ein Mann von großer Erfahrung (Weltkenntnis)*
expertum scire aliquid	*aus Erfahrung etwas wissen*
re intellectum est	*die Erfahrung hat gelehrt*
re (usu rerum) doctus	*durch die Erfahrung klug geworden*

3. Gunst, Wohlwollen, Teilnahme

gratiam sibi conciliare (alicuius)	*sich Gunst erwerben*
gratiam inire ab aliquo	*sich bei jd. in Gunst setzen*
secundum me decretum est	*ein Beschluß ist zu meinen Gunsten ausgefallen*
remittere alicui aliquid	*zugunsten jds. auf etwas verzichten*
si quid gratificari nobis velis	*wenn du etwas zu meinen Gunsten tun (sagen) willst*

voluntati alicuius parere	jds. Wunsch nachkommen
favere (bene velle, cupere, suffragari) alicui	jd. begünstigen, ihm günstig gesinnt sein
praecipue indulgere alicui	jd. ganz besonders bevorzugen
ne unus omnes antecedat, recusare	gegen die ausschließliche Bevorzugung eines einzelnen protestieren
voluntatem alicuius sibi conciliare	sich jd. geneigt machen
in alteram partem inclinare	sich auf die andere Seite neigen, mit der anderen Seite sympathisieren
verborum illecebris irretire aliquem	jd. mit schönen Worten einfangen
specie quadam virtutis assimulatae tenere aliquem	jd. durch erheuchelte Tugend gewonnen haben
locum gratiae quaerere apud aliquem	sich bei jd. beliebt zu machen suchen
obnoxium sibi facere aliquem	einen von sich abhängig machen
conciliare (obligare, obstringere) sibi aliquem	sich jd. verpflichten, verbinden
gratum facere alicui	jd. einen Gefallen tun
magnam ex aliquo capere voluptatem	an jd. großen Gefallen finden
dare alicui hanc veniam, ut subtiliter persequaris aliquid	einem den Gefallen tun, etwas gründlich auseinanderzusetzen
malos actores perpeti	sich schlechte Schauspieler gefallen lassen
sale et lepore pellicere aliquem	jd. durch seinen Witz und seine netten Einfälle bezaubern
in familiaritatem alicuius se insinuare, ad familiaritatem alicuius se applicare	sich bei jd. einschmeicheln
fovere sensus alicuius	den Gefühlen jds. schmeicheln
colere aliquem, inservire alicui	einem den Hof machen
parem alicui reddere voluntatem	das Wohlwollen jds. erwidern
est aliquis mirifico studio in me et officio	jd. ist gegen mich sehr wohlwollend und gefällig
facilem se praebere, morem gerere, praesto esse alicui	willig, willfährig sein, jd. einen Gefallen tun
se adiungere ad aliquem	sich an jd. anschließen
numquam adspirare ad aliquem	sich niemals jd. nähern
inire (facere) societatem cum aliquo	Gemeinschaft mit jd. machen, sich mit jd. zusammenschließen
consilia sua communicare cum aliquo	gemeinschaftliche Sache mit jd. machen

intercedit alicui vetus cum aliquo necessitudo	*in einer alten Verbindung mit jd. stehen, mit ihm seit langem befreundet sein*
societatem cum aliquo dirimere	*die Verbindung mit jd. abbrechen*
dissidēre ab aliquo	*mit jd. zerfallen sein*
discordiam concitare	*Zwietracht stiften*
facere cum aliquo, stare ab aliquo; partes alicuius sequi; partibus alicuius favere	*es mit jd. halten, jds. Parteigänger (Anhänger, Gefolgsmann) sein*
favere nobilitati	*es mit dem Adel halten*
magno amore amplexum tenere aliquem, aliquid	*an jd., an etwas hängen*
sua in aliquem studia profiteri	*seine Anhänglichkeit an jd. bekennen*
studiis suis prosequi aliquem	*große Teilnahme, lebhaftes Interesse für jd. zeigen*
commoda alicuius defendere, commodis alicuius non deesse	*jds. Interessen wahren*
cupere alicui, cupidum esse alicuius	*es gut mit jd. meinen*
fortunam alicuius cum sua fortuna coniungere	*jds. Schicksal zu dem seinigen machen*
eundem casum una ferre, parem cum aliquo fortunae condicionem subire	*jds. Schicksal teilen*
omnibus in vita commodis una cum aliquo frui	*alle Freuden des Lebens mit jd. teilen*
sentire cum aliquo contra aliquem	*für jd. gegen einen anderen Partei nehmen*
iuris rationem aequabilem tenere	*das Recht unparteiisch handhaben*
ad suam sententiam traducere aliquem	*jd. auf seine Seite bringen*
magnis iacturis pollicitationibusque ad se perducere aliquem	*jd. mit großen Opfern und Versprechungen auf seine Seite ziehen*
totum ad se traducere aliquem	*jd. ganz auf seine Seite bringen*
a causa bonorum stare	*auf Seiten der Gutgesinnten stehen*
totum nostrum esse	*ganz auf unserer Seite stehen*
in optimam partem accipere aliquid	*etwas von der besten Seite nehmen*
in utramque partem	*nach beiden Seiten*

4. Mißgunst, Zwang und Drohung

vigent invidia et crimina	*Mißgunst und Verleumdung herrschen*
in invidiam incidere (incurrere, venire), invidiam sibi conflare	*verhaßt werden, sich mißliebig machen*

invidiam conflare (conciliare) alicui	*jd. verhaßt, mißliebig machen*
in invidiam vocare (adducere) aliquem apud aliquem	*einen bei jd. anschwärzen*
nulla sua invidia	*ohne sich verhaßt zu machen, ohne mißliebig zu werden*
invidiam colligere ex aliqua re	*sich durch etwas Neid zuziehen*
invidia recedit (sedatur)	*der Neid läßt nach*
invidere alicui aliquid	*auf jd. wegen etwas neidisch sein*
displicet mihi aliquis	*ich kann einen nicht leiden*
moleste (aegre) ferre aliquid	*etwas übelnehmen*
graviter (iniquo animo) ferre aliquid, indigne pati aliquid	*etwas sehr übelnehmen*
durius accipere aliquid	*etwas übel aufnehmen*
negotium facessere alicui	*einem zu schaffen machen*
molestum (molestiae) esse alicui, molestia afficere aliquem; adhibere (creare) alicui molestiam	*jd. belästigen, einem zur Last fallen*
facere contra aliquem	*gegen jd. sein*
resistere (obsistere) alicui	*gegen jd. auftreten*
adversari (repugnare) alicui; refragari alicui (bei Wahlen)	*einem widerstreben, sich ihm widersetzen*
non repugnare, non recusare	*nichts dagegen haben*
inimice agere cum aliquo	*gegen jd. feindlich vorgehen*
commodis alicuius officere	*jds. Interessen schädigen*
intervenire alicui	*einem in die Quere kommen*
necessitudinis nomen repudiare	*die Verwandtschaft mit jd. verleugnen*
oratione moderari aliquem	*jd. durch seine Worte beeinflussen, auf seine Stimmung einwirken*
reprimere furores alicuius	*der Raserei jds. Einhalt gebieten*
libidinem alicuius coercere (constringere)	*jds. Willkür beschränken*
severius adhibere aliquem	*einen zu streng halten, behandeln*
comprimere aliquem	*jd. niederhalten*
grassari in (adversus) aliquem	*gegen jd. wüten, wütend vorgehen*
necessitatem alicui affere, vim adhibere alicui	*einem Zwang antun, ihn zwingen*
imponere (inurere) alicui aliquid	*einem etwas aufbürden*
extorquere, ut fateatur aliquis; cogere, ut concedat aliquis	*einem ein Zugeständnis abnötigen*

minari (minitari) alicui aliquid	jd. mit etwas bedrohen
ferro ignique minitari alicui	jd. mit Feuer und Schwert bedrohen
crucem ac tormenta minitari alicui	einem mit Kreuz und Folter drohen
vim (iudicium) minari alicui	jd. mit Gewalt (mit einer gerichtlichen Klage) drohen
necem denuntiare alicui	jd. mit dem Tode drohen
pericula intenduntur alicui	es drohen jd. Gefahren
haec atrocitatis aliquid habent	dies hat einen drohenden Charakter
insidiari alicui, insidias facere (parare, struere) alicui	jd. nachstellen, auflauern
evertere (demergere) aliquem	jd. stürzen, zu Fall bringen
praecipitantem impellere	einem, der fällt, noch einen Stoß geben
frangere (concidere, iugulare) aliquem	jd. vernichten
exstinguere ac tollere aliquem, obruere atque opprimere aliquem	jd. völlig vernichten
clam de medio removere	heimlich beiseite schaffen
secernere (dimovere) aliquem	jd. beiseite schieben
e tenebris extrahere aliquem	jd. aus dem Dunkel ziehen
condonare aliquem libidini alicuius	einen der Laune jds. opfern

5. Schonung, Rettung, Verzeihung

de manibus emittere aliquem (Passiv: fugit e manibus aliquis)	jd. entschlüpfen lassen
dimittere (missum facere) aliquem	jd. gehen lassen, entlassen
bonitas (benignitas) alicuius	die Güte jds.
ad fidem alicuius confugere	zu jds. Gnade seine Zuflucht nehmen
mortem (periculum capitis) deprecari	um Gnade (um sein Leben) bitten
salutem (veniam) dare alicui	jd. begnadigen
in integrum restituere aliquem	jd. vollständig begnadigen
conservare aliquem	einem Schonung angedeihen lassen
vitam concedere alicui	einem das Leben schenken
ex periculo servare (eripere) aliquem	jd. aus einer Gefahr retten
vindicare aliquem ab aliquo	einen vor jd. retten
ab atrocitate mortis vindicare aliquem	jd. vor einem grauenvollen Tode bewahren
adversarium extollere iacentem	einen gefallenen Gegner wieder aufrichten
gratia reconciliata (-anda)	Versöhnung

in gratiam redire cum aliquo, in gratiam recipi ab aliquo	sich mit jd. versöhnen
reconciliare (placare) alicui aliquem, in gratiam reducere aliquem cum aliquo; pacem conciliare inter aliquos	einen mit jd. aussöhnen, Versöhnung zwischen ... stiften
ignoscere alicui	mit jd. Nachsicht haben
veniam dare (concedere) culpae, condonare alicui peccatum	jd. einen Fehler verzeihen
gratiam alicuius rei facere alicui	einem Verzeihung wegen etwas gewähren

6. Lob und Tadel

magni aestimare aliquem	jd. hochachten
honore officioque (amore) persequi aliquem	für jd. Achtung (Liebe) und Zuneigung hegen
honorificis verbis prosequi aliquem	jd. in den ehrenvollsten Ausdrücken preisen
bonorum iudicium funditus perdere	die Achtung der anständigen Menschen völlig verlieren, verscherzen
silentio comprobare aliquid	etwas stillschweigend anerkennen
repudiare auctoritatem superiorem alicuius	jds. höhere Stellung nicht anerkennen
dimanat aliquid ad existimationem hominum	etwas setzt sich bei den Leuten durch
probari, accipi	Eingang finden
omnium iudicio probari	allgemeinen Beifall finden
factum alicui probatur	die Tat findet bei jd. Beifall
delectari aliqua re, delectatione alicuius rei duci	Freude an etwas haben, Gefallen an etwas finden
plausum dare (plaudere) alicui	einem Beifall spenden, mit Beifall jd. begrüßen
plausus captare	auf Beifall erpicht sein
una voce et consensu approbare aliquid	einstimmig etwas gutheißen
in aliquo numero esse	eine gewisse Geltung besitzen
auctoritatis aliquid habere apud aliquem	bei jd. etwas gelten
multum valere, magna auctoritate esse apud aliquem	viel bei jd. gelten, bedeutenden Einfluß haben

plurimum tribuere alicui, magno loco (numero) habere aliquem	viel auf jd. halten, jd. sehr hoch schätzen
laude afficere aliquem, laudem tribuere (impertire) alicui	einem Lob spenden, jd. loben
laudibus efferre (ornare) aliquem	jd. durch sein Lob auszeichnen
ponere aliquid in laude alicuius	einem etwas zur Ehre anrechnen
admirationem habere (von Sachen)	Bewunderung erwecken
admirationem movere alicui	jd. in Staunen versetzen
in maius celebrare aliquid	viel Aufhebens von etwas machen
omnium iudicio reprehendi	allgemeine Mißbilligung finden
queri de aliquo	sich über jd. beklagen, beschweren
queri aliquid	sich über etwas beschweren
conqueri aliquid	sich über etwas laut beschweren
iustam querellam habere	guten Grund zur Beschwerde haben
offensionem habere	Anstoß erregen, anstößig sein
offendere aliquem (apud aliquem), offensionem afferre alicui	Anstoß bei jd. erregen
gravem alicui afferre offensionem	einem ein schweres Ärgernis geben
errorem alicui eripere; facere, ut aliquis magis intellegat (rectius perspiciat) aliquid	jd. eines Besseren belehren
monentem audire, errorem deponere (corrigere)	sich eines Besseren belehren lassen
reprehendere, verbis castigare aliquem	jd. tadeln
graviter invehi in aliquem	jd. heftig tadeln
notare alicuius perfidiam	jds. Treulosigkeit anprangern
urgere atque insequi aliquem	einem schwer zusetzen
expostulare aliquid (de aliqua re) cum aliquo	jd. wegen einer Sache zur Rede stellen
rationem reddere alicuius rei	Rechenschaft von etwas ablegen
rationem alicuius rei reposcere ab aliquo	von jd. Rechenschaft für etwas fordern
rationem vitae reposcere ab aliquo	jd. wegen seines Lebenswandels zur Rechenschaft ziehen
speculum offerre alicui	jd. einen Spiegel vorhalten
conferre aliquid in aliquem	jd. etwas zur Last legen
exprobrare (obicere) alicui aliquid, crimini dare alicui aliquid	einem etwas vorwerfen, zum Vorwurf machen
stultitiae nomen effugere	dem Vorwurf der Torheit entgehen
crimina evomere in aliquem	Vorwürfe gegen jd. schleudern

famam alicuius laedere, convicia (maledicta) in aliquem conferre (congerere)	*jd. beschimpfen*
contumelia afficere aliquem	*jd. (mit Worten) beleidigen*
se excusare (purgare)	*sich entschuldigen*
non est, quod te excuses	*du brauchst dich nicht zu entschuldigen*
nullam eius rei (in ea re) excusationem habes	*dafür gibt es keine Entschuldigung*
excusare aliquid, excusatione alicuius rei uti	*sich mit etwas entschuldigen*
se purgare (satisfacere) alicui	*sich vor jd. rechtfertigen*
probare alicui aliquid	*etwas vor jd. rechtfertigen*
cognomen suum comprobare	*seinen Beinamen rechtfertigen*
satisfactionem alicuius accipere	*jds. Rechtfertigung annehmen*
nomine alicuius rei tegere atque celare aliquid	*eine Sache durch etwas anderes beschönigen*
nomine alicuius rei	*unter dem Vorwande von etwas*
praetendere (praetexere) alicui rei aliquid	*etwas als Vorwand gebrauchen zu einer Sache*
crimen diluere (dissolvere, extenuare)	*eine Beschuldigung widerlegen, entkräften*
factum suum praestare (tueri)	*die Verantwortung für etwas auf sich nehmen*

7. Ruhm, Ehre und Rang

nomen celebratur alicuius	*jds. Name hat einen guten Klang*
omnem honestatem amittere	*seinen guten Namen verlieren*
famam consequi	*berühmt werden, Ruhm erlangen*
laborare de existimatione sua	*um seinen guten Ruf besorgt sein*
laudi existimationique alicuius servire	*auf den guten Ruf jds. Rücksicht nehmen*
servire iis iudicibus, qui multis post saeculis de aliquo iudicabunt	*auf das Urteil der Nachwelt Rücksicht nehmen*
famae consulere (servire)	*für seinen guten Ruf sorgen*
bona de aliquo fama est	*es steht einer in gutem Rufe*
famam ingenii abicere	*den Ruf eines geistreichen Mannes verlieren*
fama spoliare aliquem, detrahere de fama alicuius	*einem seinen guten Ruf rauben*

male audire	*in üblem Ruf stehen*
infamiam conflare alicui	*einen in Verruf bringen*
honorare (honore afficere) aliquem	*jd. eine Ehre erweisen*
singularibus honoribus decorare aliquem	*jd. besondere Ehre antun*
praecipuo honore habere aliquem	*jd. besonders auszeichnen*
omnibus rebus ornare aliquem	*jd. in jeder Hinsicht auszeichnen*
honoribus et beneficiis complecti aliquem	*jd. mit Ehren und Gunstbezeigungen überhäufen*
omnia ornamenta congerere in aliquem	*jd. mit Auszeichnungen aller Art überhäufen*
colere (in honore habere) aliquem	*jd. in Ehren halten*
in honore ponere aliquid	*etwas als eine Ehre ansehen*
detrahere spoliareque dignitatem alicuius	*einem die Ehre abschneiden*
deorum honores tribuere alicui	*einem göttliche Ehren erweisen*
in honorem adducere aliquid	*etwas zu Ehren bringen*
in antiquum locum dignitatis restituere aliquem	*einen in seine frühere ehrenvolle Stellung zurückbringen*
altiorem dignitatis gradum consequi	*zu einem höheren Rang aufsteigen*
non est aliquid pudoris mei, abhorret a dignitate mea	*etwas geht gegen meine Ehre, verträgt sich nicht mit meiner Ehre*
dignitati suae deesse	*gegen seine Ehre handeln*
laudis et honoris cupidum esse	*ehrgeizig sein*
honoribus et rerum gestarum gloria florere	*durch verwaltete Ämter und vollbrachte Taten berühmt sein*
in rostris florere	*als Redner glänzen*
memoriam ostentare	*mit seinem Gedächtnis glänzen wollen*
clarum exsistere, illustrari	*sich in einem glänzenden Lichte zeigen*
illustrare (ornare) aliquid	*etwas in ein günstiges Licht rücken*
in invidiam adducere aliquid	*etwas in ein schlechtes Licht setzen*
grata memoria prosequi aliquem (aliquid)	*einem (einer Sache) ein dankbares Andenken bewahren*
immortalitati commendare aliquid	*einer Sache die Unsterblichkeit sichern, etwas unsterblich machen*
praestare alicui memoriam benevolentiamque	*jd. ein gutes Andenken bewahren*
absentem memoria colere	*einen, auch wenn er fern ist, nicht vergessen*

memoriam alicuius rei posteris tradere	das Andenken an etwas auf die Nachwelt bringen
memoriam alicuius rei prope intermortuam renovare	das Andenken an eine Sache, die schon fast vergessen war, erneuern
sempiternae hominum memoriae commendatum esse	ewig denkwürdig bleiben
monumenti causa sibi reservare aliquid	etwas als Andenken für sich behalten
laus longe lateque diffusa	weit verbreiteter Ruhm
in aeterna laude versari	ewigen Ruhm genießen
veterem laudem renovare et referre	den alten Ruhm erneuern
laudem alicuius rei prae se ferre	auf den Ruhm einer Sache stolz sein
in omnium animis atque ore versari	in aller Herzen und Munde leben
umbras (adumbratam imaginem) falsae gloriae consectari	dem Schattenbild des falschen Ruhmes nachjagen
laudibus alicuius obscuritatem afferre	den Ruhm jds. verdunkeln
obruere aliquid	etwas verdunkeln, in den Schatten stellen
de laude alicuius detrahere, laudem alicuius obterere; obtrectare alicui	jds. Ruhm verkleinern
in societatem laudis (-um) alicuius venire	an dem Ruhme jds. teilnehmen
splendor ordinis, decus atque ornamentum ordinis	eine Zierde seines Standes
principem in civitate esse	an der Spitze der Bürger (Bevölkerung) stehen
secundum locum dignitatis tenere	die zweite Stelle (den zweiten Rang) einnehmen
palmam ferre	den ersten Preis bekommen
in altissimo gradu positum (collocatum) esse	auf der höchsten Stufe stehen
primas deferre (concedere) alicui	jd. die erste Stelle einräumen
praecurrere alicui aliqua re	jd. in etwas überflügeln
primas dare (deferre, tribuere) alicui	einem den Vorzug geben
in laude ponere aliquid	etwas als einen Vorzug ansehen
mirari (admirari) aliquid	etwas nachahmungswürdig finden
proxime accedere ad ... (secundum esse ab aliquo)	der Erste nach jd. sein
non adspirare ad aliquem (ad aliquid) aliqua re	jd. auch nicht entfernt in etwas nahe kommen

(ex) bellica laude non adspirare ad aliquem	*einem auch nicht entfernt an Kriegsruhm gleichkommen*
omnibus rebus inferiorem esse aliquo	*einem in jeder Beziehung unterlegen sein*
superare (vincere) aliquid aliqua re	*etwas durch etwas anderes überbieten*
nihil addi potest ad hanc improbitatem	*diese Schlechtigkeit ist nicht zu überbieten*
non multum differre	*wenig verschieden sein*
certare cum aliquo de aliqua re	*mit jd. wetteifern in etwas*
certare cum aliquo, in contentionem certamenque venire	*mit jd. in die Schranken treten, wetteifern*
erectum esse conscientia recte factorum	*sich durch das Bewußtsein edler Taten gehoben fühlen*
omnia subter se habere	*über allem erhaben dastehen*
omnia, quae homini accidunt, infra se esse iudicare	*sich über alle Schicksalsschläge erhaben fühlen*

8. Verachtung und Schande

turpitudinem atque infamiam concipere	*sich Schimpf und Schande zuziehen*
sempiternas foedissimae turpitudinis notas subire	*ewige Schande auf sich laden*
turpissime flagitiosissimeque discedere	*mit Schimpf und Schande abtreten müssen*
aliquid ignominiae loco ferre	*etwas für eine Schande halten*
conceptam turpitudinem delere	*die Schande, die man auf sich geladen hat, auslöschen*
ignominiam iniungere alicui	*jd. einen Schimpf antun*
infringere laudem alicuius, dignitatem imminuere alicuius	*jds. Ehre Abbruch tun, sein Ansehen schädigen*
provehi in maledicta	*sich zu Beschimpfungen hinreißen lassen*
laudes alicuius extenuare verbis	*jds. Heldentaten durch seine Darstellung herabsetzen*
extenuare atque abicere aliquid	*etwas schmälern und herabsetzen*
auctoritatem alicuius imminuere	*das Ansehen jds. schmälern*
risum facere (movere) alicui	*zum Gespött werden, sich bei jd. lächerlich machen, jd. lachen machen*
ad ridiculum convertere aliquid	*etwas ins Lächerliche ziehen*
apertissime in aliquid invehi	*unverhohlen gegen etwas eifern*

irridere (deridere) aliquem, risui habere aliquem	jd. verlachen, auslachen
in contumeliae (maledicti, criminis) loco ponere aliquid	etwas als eine Beleidigung (Beschimpfung, Verbrechen) ansehen
in suam contumeliam vertere aliquid	etwas als eine persönliche Beleidigung auffassen
iniuriam alicuius non insectari	eine Beleidigung hingehen lassen
memoriam adhibere contumeliae	eine Beleidigung nachtragen
adducere aliquem in contemptionem	jd. verächtlich machen
venire alicui in contemptionem	jds. Achtung verlieren

9. Bitte, Dank und Lohn

precibus fatigare aliquem	jd. mit Bitten quälen
etiam atque etiam orare aliquem, orare atque obsecrare aliquem	jd. inständig, flehentlich bitten
urgere aliquem	in jd. dringen
flagitare aliquid ab aliquo, instare alicui	bei jd. auf etwas dringen
meritam debitamque gratiam referre alicui	jd. den verdienten und schuldigen Dank abstatten
gratus animus, grata voluntas	Dankbarkeit, dankbare Gesinnung
memoria et gratia prosequi aliquem	jd. in dankbarem Andenken behalten
ingrati animi esse, beneficiorum immemorem esse	undankbar sein
praemium (fructum) tribuere alicui, praemio afficere aliquem	jd. belohnen
fructum consequi (percipere)	Lohn erhalten, ernten
operae pretium mereri (habere)	seinen Lohn für etwas bekommen
persolvitur alicui id, quod ei debetur	jd. erhält den verdienten Lohn
alicuius rei fructum capere (percipere, consequi) ex aliqua re	seinen Lohn für etwas in einer Sache finden, sich durch etwas belohnt sehen
laetos et uberes fructus ferre ex aliqua re	sich überreichlich durch etwas belohnt sehen, finden
optime de me meritus est, gratissimum animum ei debeo; summis beneficiis (officiis) me sibi obstrinxit	ich habe ihm viel zu verdanken, er war mir ein großer Wohltäter
vitam habere ab aliquo (beneficio alicuius)	einem sein Leben verdanken

parem gratiam referre alicui, beneficia alicuius remunerari aliqua re	*jd. etwas vergelten (in gutem Sinne)*
cumulatam gratiam referre alicui	*jd. etwas reichlich vergelten*
officium cumulate reddere	*einen Dienst reichlich vergelten*
pro alicuius meritis (beneficiis) gratiam referre	*jd. die geleisteten Dienste vergelten*
ulcisci (et persequi) aliquid	*etwas vergelten (im schlimmen Sinne)*
par pari referre	*Gleiches mit Gleichem vergelten*
beneficio afficere (ornare, prosequi) aliquem, beneficium conferre in aliquem	*jd. eine Wohltat erweisen, zum Wohltäter an jd. werden*
habere aliquid pro beneficio	*etwas als Wohltat ansehen*
mortem in fortuna, non in poena putare	*den Tod für ein Glück, nicht für eine Strafe ansehen*

10. Rat, Hilfe und Hilfsmittel

frigent omnia consilia	*guter Rat ist teuer*
omnibus consilii sui copiam facere	*jedermann mit seinem Rat zur Verfügung stehen*
et consilio et opera iuvare aliquem, auctorem actoremque esse alicui	*jd. mit Rat und Tat unterstützen*
consulere aliquem, consilium petere ab aliquo; in consilium adhibere aliquem	*jd. zu Rate ziehen, sich bei jd. Rat holen*
consilia alicuius non desiderare	*jds. Rat nicht brauchen*
consilium fidele	*ein ehrlich gemeinter Rat*
inopem dubiumque consilii esse	*sich weder zu raten noch zu helfen wissen*
adiutorem aliquem repudiare	*jds. Hilfe verschmähen*
consilium dare (suggerere) alicui, auctorem esse alicui (mit ut); suadere alicui aliquid	*jd. einen Rat geben, zu etwas raten*
deliberare (consultare), consilia habere (conferre)	*Rat halten, beratschlagen*
alicui in consilio adesse	*jd. beraten*
valet consilium meum	*mein Rat dringt durch*
auctorem (principem) esse alicui alicuius rei, ad aliquid	*jd. zu etwas veranlassen*
auctore (praeeunte) aliquo	*nach jds. Vorbild*

auctoritatem alicuius sequi (persequi), ad auctoritatem alicuius se conferre	*jds. Vorbild folgen, sich anschließen*
condicionibus suis stare	*bei seinen Vorschlägen bleiben*
aliquid referre exemplum	*etwas als (warnendes) Beispiel anführen*
exemplum prodere (documentum statuere) in posterum	*ein Beispiel für die Zukunft geben*
exemplum sumere ab aliqua re, ab aliquo; proponere sibi exemplum alicuius ad imitandum	*sich ein Beispiel an etwas, an jd. nehmen*
singularis	*beispiellos, einzigartig*
nullam alicui rei medicinam reperire	*keine Abhilfe gegen etwas finden*
auxilium (opem) ferre alicui, adiumento esse alicui; subvenire (succurrere) alicui	*einem helfen, ihm zu Hilfe kommen*
deferre alicui aliquid	*jd. etwas anbieten*
remedium doloris quaerere ab aliquo	*bei jd. Hilfe gegen den Schmerz suchen*
subsidio venire alicui	*einem zu Hilfe kommen*
opibus alicuius sublevari	*über jds. Mittel verfügen, von jd. unterstützt werden*
causam alicuius complecti	*sich der Sache jds. annehmen*
officium alicui tribuere (praestare), gratum facere alicui	*jd. einen Dienst erweisen*
officia in aliquem conferre, utilitati alicuius servire	*jd. Dienste erweisen*
summa alicuius erga (in) me officia exstiterunt	*jd. hat mir außerordentliche Dienste geleistet*
totum se tradere alicui	*sich einem voll und ganz zur Verfügung stellen*
nihil potestatis in aliqua re habere	*keine freie Verfügung über etwas besitzen*
eam potestatem habere omnem	*jede Vollmacht dazu haben*

11. Nutzen und Schaden

omnia ad suam utilitatem referre	*ein Egoist sein, vom Egoismus besessen sein*
aliquo carere non possum	*jd. ist mir unentbehrlich*
damnum inferre, detrimentum afferre alicui	*jd. einen Schaden zufügen*

magno incommodo afficere aliquem	*jd. einen großen Schaden zufügen*
eloquentiam conferre (convertere) ad bonorum pestem perniciemque	*seine Beredsamkeit zum Unheil und Verderben anständiger Menschen mißbrauchen*
malum malo addere	*ein Übel noch schlimmer machen*
in peiorem partem vertere aliquid	*eine Sache verschlimmern*

12. Mangel und Mittel

res deficit, res non suppetit	*es mangelt an etwas*
imperatorum penuria est	*es besteht Mangel an Feldherren*
opus mihi est aliqua re	*ich brauche etwas, habe es nötig*
quaerere aliquem	*jd. brauchen, ihn nötig haben*
vias atque rationes nosse (temptare)	*Mittel und Wege kennen (versuchen)*
quod eo, quo intendis, fert deducitque	*Mittel zur Erreichung eines Ziels*
quibus modis quid assequaris, nihil pensi habere	*sich kein Gewissen aus den Mitteln machen, mit denen man seinen Zweck erreicht*
una est via salutis	*es gibt nur ein Mittel zur Rettung*
morte remedium alicuius rei quaerere	*im Tod ein Mittel gegen etwas suchen*
vindictam aliquam libertatis suae quaerere	*ein Mittel suchen, um sich zu befreien*
variae sunt earum perturbationum curationes	*es gibt verschiedene Mittel, um sich von solchen Leidenschaften zu befreien*
se interponere	*sich ins Mittel legen, einschalten*
optionem dare alicui, ut aut - aut; optionem facere alicui potestatemque, ut ...; eligat, utrum ... an ...	*jdm. die Wahl lassen, ob — oder*
haec mihi proposita est condicio, ut aut - aut	*es bleibt mir die Wahl, entweder — oder*
nullius rei electio mihi relicta est	*es bleibt mir keine andere Wahl*

13. Vertrauen, Versprechen · Argwohn und Verdacht

confidere, fidem habere alicui; fide alicuius niti	*jd. trauen, vertrauen, einem sein Vertrauen schenken*
effundere alicui omnia, quae sentis	*jd. sein ganzes Herz ausschütten*
confidere alicui, fide alicuius niti; spem ponere in aliquo	*auf jd. bauen*

suspectum habere aliquem	*einem nicht trauen*
confidere alicui rei, niti aliqua re; fiduciam (spem) ponere in aliqua re	*sich auf etwas verlassen*
non desperare aliquid (de aliqua re)	*noch immer auf etwas rechnen*
fidem habere (tribuere, adiungere) alicui	*einem Glauben schenken, ihn für glaubwürdig halten*
vanae orationi alicuius credere	*den leeren Worten jds. Glauben schenken*
confugere ad aliquem, ad fidem alicuius	*seine Zuflucht zu jd. nehmen*
decurrere ad aliquid	*zu etwas seine Zuflucht nehmen*
non habere, quo confugias (quo revertaris, ubi conquiescas)	*keine Zuflucht finden*
periculi perfugium	*ein Asyl*
in arcem tutam et sanctam pervenire	*ein Asyl finden*
in fidem alicuius se conferre, in fidem tutelamque alicuius se tradere; permittere se fidei alicuius	*sich in jds. Schutz begeben*
fidem alicuius experiri	*jds. Treue auf die Probe stellen*
exspectationi alicuius occurrere	*jds. Erwartung entsprechen*
consolari aliquem, consolationem alicui afferre (adhibere)	*jd. trösten, ihm Trost spenden (gewähren)*
consolari dolorem alicuius	*jd. in seinem Schmerz trösten*
acquiescere in aliqua re	*sich bei etwas beruhigen*
fidem suam interponere pro aliquo	*für jd. einstehen*
fidem dare alicui, fidem suam obligare alicui	*jd. ein festes Versprechen geben*
promisso stare (promisso satisfacere)	*sein Versprechen halten*
promissum facere (solvere, servare), fidem praestare (servare)	*ein Versprechen erfüllen, sein Wort halten*
fidem suam interponere (in aliquid)	*sein Wort geben (auf etwas)*
religione se obstringere (se obligare)	*sich heilig verpflichten*
suspicionem alicuius excitare aliqua re	*den Argwohn jds. durch etwas erregen*
suspicio penitus inhaeret animo alicuius	*der Argwohn sitzt tief bei jd.*
purgare suspicionem, exsolvere se suspicione; suspicionem a se removere	*sich von einem Verdacht reinigen*
non carere suspicione	*nicht frei von Verdacht sein*
suspicio pertinet ad aliquem	*ein Verdacht trifft jd.*
suspicionem conferre in aliquem	*Verdacht auf jd. werfen*

duriorem suspicionem conferre in aliquem	jd. in dringendem Verdacht haben
suspicionem alicuius rei praebere	Anlaß zu einem Verdacht geben
in suspicionem venire (vocari, cadere)	in Verdacht kommen, verdächtig werden
carere suspicione	unverdächtig sein
in suspicionem vocare aliquem	jd. in Verdacht bringen, verdächtigen
omni suspicione elabi	jedem Verdacht entgehen
suspiciones trahere (sumere, ducere) ex aliqua re	Gründe zum Verdacht aus etwas herleiten
in illo non modo culpa nulla, sed ne suspicio quidem potuit consistere	an diesem Mann konnte nicht nur keine Schuld, sondern nicht einmal ein Verdacht haften
taciturnitas tua mihi suspicionem attulerat	deine Schweigsamkeit hatte mir Verdacht erregt
avaritiae pellatur etiam minima suspicio	man muß auch den Schatten eines Verdachtes, man sei habgierig, meiden
vitanda ingenii ostentationis suspicio	man muß den Anschein meiden, als ob man (nur) sein Talent zeigen (mit s. T. glänzen) wolle
quae posita sunt in suspicionibus	Dinge, die auf Vermutungen beruhen
ut est hominum genus nimis acutum et suspiciosum	wie die Leute eben allzu scharfsinnig und argwöhnisch sind

EMPFINDUNG, GEFÜHL, LEIDENSCHAFT
CHARAKTEREIGENSCHAFTEN
VERBRECHEN UND LASTER · SCHULD UND STRAFE

1. Gefühl und Stimmung

affectum esse	*angegriffen sein*
valde me momorderunt litterae tuae	*dein Brief hat mich sehr angegriffen*
distineri (divelli) dolore	*von Schmerz zerrissen sein*
penitus in animo infixum esse	*tief im Herzen haften*
movere (commovere) aliquem	*Eindruck auf jd. machen, jd. rühren*
varie movere (afficere) animum (-os)	*verschiedenartige Eindrücke hervorrufen*
hac re commotus est	*das machte Eindruck auf ihn*
in animo sensuque nostro penitus innatum atque insitum est aliquid	*etwas ist uns angeboren und in der innersten Natur begründet*
adduci (in animum inducere) non possum; a me impetrare non possum	*es widerstrebt meinem Gefühl*
ea quae quis sentit, prae se ferre; sensus suos (aperte) praeferre	*seinen Gefühlen Ausdruck verleihen, sie offenbaren*
sensa dicendo exprimere	*seine Empfindungen durch Worte ausdrücken*
nullam partem sensus habere	*keinen Funken von Gefühl haben*
obduruisse	*alles Gefühl verloren haben, gegen alles Gefühl abgestumpft sein*
homo importunus	*ein gefühlloser (rücksichtsloser) Mensch*
humanitatem suam abicere	*ein Unmensch werden*
humanitatem exuisse	*ein Unmensch sein*
humanitatem ex animo exstirpare	*alles menschliche Gefühl aus seinem Herzen verbannen*
communem naturae sensum repudiare	*das menschliche Gefühl verleugnen*
angustiae pectoris	*Engherzigkeit*
plagam tacitum accipere, plagam pati	*einen Schlag ruhig hinnehmen*
animorum habitus, mentis sensus	*die Stimmung*
elatio animi	*gehobene, freudige Stimmung*
animum alicuius in omnem partem dicendo permovere	*jd. durch seine Worte in jede beliebige Stimmung versetzen*

commutare (flectere) animos	*die Leute umstimmen*
magnam voluntatum commutationem afferre	*einen großen Stimmungsumschwung herbeiführen*
a severitate ad hilaritatem traducere aliquem	*jd. aufheitern, einem die Grillen vertreiben*
molestia afficere aliquem	*einen verstimmen, ihm Verdruß machen*
subest nescio quid opinionis incommodi	*eine gewisse Verstimmung bleibt zurück*
sibimet displicere, minus (parum) sibi placere	*mit sich selbst nicht zufrieden sein, sich selbst nicht gut sein*
displicet (non placet) mihi aliquis	*mit jd. unzufrieden sein*
paenitet me fortunae meae	*ich bin mit meiner Stellung unzufrieden*
satis mihi est (parum est) aliquid	*zufrieden sein (nicht zufrieden sein) mit etwas*

2. Sehnsucht, Eifer und Begeisterung

cupere atque optare aliquid	*etwas begehren, dringend wünschen, herzlich nach etwas verlangen*
expetere atque expostulare aliquid	*etwas heftig begehren*
desiderio alicuius rei teneri (affici)	*nach etwas verlangen, Sehnsucht nach etwas haben*
flagrare (ardere, incendi) desiderio alicuius rei	*von glühender Sehnsucht ergriffen sein, heftiges Verlangen nach etwas haben*
animum alicuius excitare ad aliquam causam	*jd. für eine Sache begeistern*
animos atque impetus retardare alicuius	*jds. Ungestüm mäßigen, ihn zurückhalten*
stimulos admovere (Gegensatz: adhibere frenos) alicui	*jd. anspornen*
animum alicuius excitare (atque inflammare) ad studium alicuius rei	*im Herzen jds. den Eifer für etwas erwecken*
excitare se ad patrum animum	*sich zum Mut der Ahnen erheben*
studia in aliquem ardentia (accensa)	*Begeisterung für jd.*
animorum incendia restinguere	*die Begeisterung dämpfen*
divino quodam spiritu inflari	*begeistert, von einem göttlichen Hauch beseelt sein*
desiderio libertatis exardescere	*von glühendem Freiheitsdrange entflammt werden*

3. Leidenschaft, Zorn und Rache

animi quodam impetu concitatum esse	von innerem Drange bewegt sein
cupiditatum incendiis flagrare (inflammatum esse)	von wilder Leidenschaft entbrannt sein
caecum ferri libidine	vor Leidenschaft blind sein
praecipitem ferri aliqua re	sich durch etwas fortreißen lassen
cupiditate prolabi ad aliquid, libidine ferri ad aliquid	sich von der Leidenschaft zu etwas hinreißen lassen
defervuerunt cupiditates adulescentiae	die Leidenschaften der Jugend haben ausgetobt
de sanitate ac mente deturbare aliquem	einem Vernunft und Überlegung rauben
omni impetu furoris	mit rasender Wut
in furorem agere aliquem, furore inflammare aliquem	jd. wütend machen
crudelitas grassatur	wütende Grausamkeit herrscht
tamquam frenos furoris inicere alicui	jds. Wut zügeln
ira vertit (convertitur, abit) in rabiem	der Zorn verwandelt sich in Wut
ingenio praecipitem ad iram esse	ein jähzorniges Wesen haben
irasci (succensere, stomachari) alicui, ira ardere in aliquem	auf jd. wütend sein, ihm zürnen
stomachum facere alicui, bilem commovere alicui	jd. zornig machen, einen in Wut versetzen
cohibere iram (iracundiam)	seinen Zorn bezähmen
sedare iram, restinguere iracundiam	den Zorn beschwichtigen
indignatione exardescere	sich schwer entrüsten
fremitus indignantium oritur	ein Schrei der Entrüstung ertönt
ulcisci aliquem pro acceptis iniuriis	sich für erlittenes Unrecht an jd. rächen
patrem ulcisci, poenas patris persequi	seinen Vater rächen
mortem alicuius persequi	den Tod jds. rächen

4. Freundschaft, Liebe, Mitleid

aequi (atque) iniqui	Freund und Feind
amicitiam facere (contrahere, instituere) cum aliquo, ad amicitiam alicuius se applicare	mit jd. Freundschaft schließen
omnibus summis officiis prosequi aliquem	einem jederzeit große Dienste erweisen

in eadem consuetudine amicitiae permanere cum aliquo	*den vertrauten Umgang mit jd. fortsetzen*
amicitiam praecidere (discindere)	*die Freundschaft aufsagen*
ex inimico paulatim amicum fieri	*Feindschaft allmählich in Freundschaft übergehen lassen*
in familiaritatem alicuius se insinuare, ad alicuius amicitiam adrepere	*sich als Freund bei jd. anbiedern*
in familiaritatem recipere aliquem	*jd. unter seine Freunde aufnehmen, einen zum Freund machen*
amicos sibi conciliare, animos hominum sibi conciliare	*sich Freunde gewinnen*
pro amico habere aliquem	*jd. als seinen Freund ansehen*
voluntatem alicuius sibi conciliare	*sich jd. geneigt machen*
sua sponte inclinare atque propendere in (ad) aliquid (eo, ut . . .)	*von selbst zu etwas geneigt sein*
animos omnium allicere	*alle Leute für sich einnehmen*
vehementer studiosum esse alicuius	*für jd. sehr eingenommen sein*
aliquid sua vi nos allicit ad se	*etwas nimmt durch sein Wesen für sich ein*
coniunctissimo (-is) animo (-is)	*in größter (völliger) Eintracht*
se adiungere ad aliquem	*sich an jd. anschließen*
conspirare ad aliquid	*sich zu einem Zweck eng zusammenschließen*
magno amore amplexum tenere aliquem (aliquid)	*an jd. (an etwas) sehr hängen*
carum habere aliquem, amore prosequi aliquem	*jd. lieb haben*
nimium amplecti aliquid	*etwas zu lieb haben*
ex animo diligere aliquem	*jd. von Herzen lieben*
carum acceptumque esse alicui	*einem lieb und wert sein*
in amore atque deliciis esse alicui	*jds. Liebling sein*
amorem alicuius penitus insitum eicere ex animo	*sich die tiefe Liebe zu jd. aus dem Herzen reißen*
misereri alicuius	*Mitleid mit jd. haben*
misericordia affici (moveri, commoveri)	*Mitleid fühlen*
misericordiam movere alicui	*jds. Mitleid erregen*
ad misericordiam comparare (inducere, allicere) aliquem	*jd. mitleidig stimmen*
miserandum esse	*Mitleid verdienen*

misericordiam habere	*bemitleidet werden*
misericordiam alicuius implorare	*bei jd. um Mitleid flehen*

5. Feindschaft und Haß

in hostium numero ducere (putare) aliquem	*jd. zu seinen Feinden rechnen (zählen)*
in numerum hostium venire	*zu den Feinden gerechnet werden*
in hostium numero habere aliquem	*jd. als Feind behandeln*
inimicitias suscipere	*sich Feinde machen*
inimicitias gerere (exercere) cum aliquo	*in Feindschaft mit jd. leben*
inimicitias summae rei publicae (temporibus rei publicae) permittere (condonare)	*dem Vaterland zuliebe eine Feindschaft aufgeben*
communem hostem gentium nationumque omnium esse	*aller Welt Feind (Weltfeind Nr. 1) sein*
odium profiteri et prae se ferre	*seinen Haß offen zeigen*
odium inveteratum in aliquem habere	*einen alten Haß gegen jd. hegen*
odium in aliquem sanguine alicuius saturare (explere)	*seinen Haß mit dem Blute jds. sättigen*
odium sibi conflare, in odium venire alicui	*sich Haß zuziehen, sich bei jd. verhaßt machen*
invidiam parare (conflare) alicui, in odium adducere aliquem	*einen verhaßt machen*
in odio esse apud aliquem, odio esse alicui	*einem verhaßt sein*
odio inflammatum esse	*von glühendem Haß erfüllt sein*
suo nomine odisse aliquem	*jd. aus persönlichen Gründen hassen*
capitali odio dissidere ab aliquo	*mit jd. in tödlicher Feindschaft leben*

6. Freude und Schmerz

laetitiam et voluptatem percipere ex aliqua re	*Freude und Genuß aus etwas schöpfen*
delectari aliqua re, voluptate affici aliqua re	*an etwas Freude haben (empfinden), sich für etwas interessieren*
laetitia affectus	*freudig, froh gestimmt*
in deliciis habere aliquid	*an etwas innige Freude haben*

incredibilem ex aliqua re voluptatem capio	*etwas macht mir ein unglaubliches Vergnügen*
laetitia afficere aliquem, affere alicui gaudium	*einem Freude machen, jd. erfreuen*
delectari aliqua re, animum explere voluptate alicuius rei	*seine Freude an etwas haben*
delectari aliqua re, in deliciis habere aliquid; summo studio amplecti aliquid	*seine Lust an etwas haben, nichts lieber haben als …*
animum exsaturare, cupiditatem explere aliqua re	*seine Lust an etwas sättigen (befriedigen durch etwas)*
abstergere aegritudinem	*den Kummer stillen (beschwichtigen)*
dolorem (sollicitudinem) afferre alicui, in sollicitudinem adducere aliquem	*jd. betrüben, ihm Kummer bereiten*
dolorem dare (impertire, afferre) alicui	*einem Schmerz verursachen*
dolor insidet in aliquo, dolor infixus animo haeret	*der Schmerz sitzt tief bei jd.*
minuere (mollire, lenire) dolorem	*den Schmerz lindern*
dolore premi (affici, angi)	*Schmerzen leiden*
dolore ardere	*brennenden Schmerz empfinden*
acerbum dolorem inurere alicui, quasi faces doloris admovere alicui	*jd. einen brennenden (folternden) Schmerz zufügen*
graviter ferre aliquid	*sich etwas zu Herzen nehmen, unwillig sein über etwas*
paenitet me alicuius rei	*es tut mir etwas leid*
magnum aliquid dolorem habet	*etwas ist sehr schmerzlich*
magnam molestiam trahere ex aliqua re, graviter (moleste) ferre aliquid	*etwas sehr schmerzlich empfinden*
sollicitum esse	*Sorgen haben*
laborare de aliquo	*sich Sorgen um jd. machen*
cura levare aliquem	*einem seine Sorge abnehmen*
revocare se rursus ad maestitiam	*sich wieder der Trauer hingeben*
maerore contabescere	*sich in Gram verzehren*

7. Hoffnung und Erwartung

in spem venire alicuius rei	*auf etwas hoffen*
in spem adduci (ingredi)	*Hoffnung schöpfen*

ad novam spem excitare (incitare) aliquem	neue Hoffnung in jd. erwecken
redintegratur alicui spes victoriae	von neuer Siegeshoffnung belebt werden
spem alicuius rei afferre (praebere, facere) alicui	einem Hoffnung auf etwas machen
in magnam spem adducere aliquem	einem große Hoffnung machen
ex aliqua re nullam spem sibi proponere	sich keine Hoffnung auf etwas machen
bene (praeclare) sperare de aliquo	das Beste von jd. hoffen
maximam spem habere in aliquo	seine größte Hoffnung auf jd. setzen
omnem spem salutis ad clementiam victoris conferre	seine ganze Hoffnung auf die Gnade des Siegers setzen
spem inanem fovere, inani spe duci	leere Hoffnungen hegen
extenuatur spes et evanescit	die Hoffnung schwindet allmählich
a spe repelli, spe deici	die Hoffnung aufgeben müssen
lux quaedam videbatur	ein Schimmer von Hoffnung zeigte sich
spe labi (deici; decipi, nicht falli); spe (de spe) depelli (deturbari)	sich in seiner Hoffnung getäuscht sehen
spem dimittere (abicere, deponere)	die Hoffnung aufgeben
spem perdere, spe labi (Passiv: spes concidit, infringitur)	die Hoffnung verlieren
spem adimere (eripere) alicui	jd. die Hoffnung rauben
omnem spem pervertere	alle Hoffnung zunichte machen
magnam alicui de aliqua re exspectationem movere	in jd. große Erwartungen auf etwas erwecken
in summam exspectationem adducere aliquem	jds. Erwartung aufs höchste spannen
magnam exspectationem sui facere	große Erwartungen von sich erwecken
suspensam tenere exspectationem (spem) alicuius	jd. in gespannter Erwartung halten
suspenso animo exspectare aliquid	auf etwas sehr gespannt sein

8. Mut und Demut, Anmaßung und Übermut

magnam (ingentem) virtutem praestare	wahren Heldenmut beweisen
bono animo esse, bonum animum habere	guten Mutes sein

facere (augere, addere) alicui animum; erigere animum alicuius	*einem Mut machen, ihn mit Mut beseelen*
reficere (redintegrare) animum alicuius	*jd. neuen Mut machen*
inter se cohortari (confirmare)	*sich gegenseitig Mut zusprechen*
submisse se gerere, submisse agere	*sich demütig benehmen*
demissum esse, animo demisso esse	*demütig sein*
supplicare, supplicem esse alicui	*sich vor jd. demütigen, ihn demütig bitten*
magnam arrogantiam (magnos spiritus) sibi sumere	*sehr anmaßend (mit frecher Anmaßung) auftreten*
sibi sumere (arripere) aliquid, traducere ad se aliquid	*sich etwas anmaßen*
sibi appetere (sibi assumere) aliquid	*sich etwas herausnehmen*
tantum sibi sumere, tantum auctoritatis sibi suscipere	*sich so viel herausnehmen*
famam superbiae inurere alicui	*jd. als hochmütig in Verruf bringen*
animi ac spiritus	*hochfahrendes Wesen*
spiritus remittere	*seinen Hochmut aufgeben*
spiritus afferre alicui	*jd. hochmütig machen*
in ruinis (funere) alicuius exsultare	*über den Sturz (Tod) jds. triumphieren (frohlocken)*
animos tollere, superbire	*übermütig werden*

9. Furcht und Schrecken

aliquem pavor occupat	*jd. befällt Angst, er bekommt Angst*
animi infirmitas	*Mutlosigkeit*
frangere aliquem	*jd. entmutigen*
constantiam alicui eximere	*jd. außer Fassung bringen*
animos frangere (debilitare)	*den Mut brechen (lähmen)*
animo se demittere, animum abicere; mentem demittere; mente concidere; animo (-is) cadere	*den Mut sinken lassen, den Mut verlieren*
ad minores calamitates submittere animum (-os)	*schon bei kleinerem Unglück mutlos werden*
in exordienda oratione perturbari, in dicendi exordio permoveri	*am Anfang einer Rede befangen sein*
pudoris mei non est (mit Inf.)	*meine Bescheidenheit verbietet mir*
magno animi motu perturbatum esse	*in großer Unruhe sein*

fracto (abiecto, demisso) animo esse	kleinmütig sein
contractio animi (Gegensatz: animi magnitudo, elatio)	Kleinmut
serviliter animum demittere	sklavisch feige (kleinmütig) sein
metus ac timor	bleiche Furcht
omnia metu hostium tenentur	überall hat man Angst vor dem Feind
metum alicuius rei praebere	etwas befürchten lassen
inicere (incutere) terrorem alicui, terrorem inferre alicui	jd. einen Schrecken einjagen, jd. in Schrecken versetzen
horret animus cogitanti	es schaudert einen bei dem Gedanken
toto pectore, omnibus artubus contremiscere	am ganzen Leibe, an allen Gliedern zittern
desperare, animo cadere; rebus suis (causae suae) diffidere	verzagen, verzweifeln, aufgeben
adducere in summam desperationem	zur höchsten Verzweiflung bringen, treiben
metuere atque horrere aliquem	sich vor jd. gewaltig fürchten

10. Gewissen und Pflicht

nihil ab aliquo fit nisi ita, ut decet	jd. beobachtet in allem den Anstand
facere ita, ut non dedeceat	sich nach den Geboten des Anstands richten
vincere animum sibique (sibimet ipsum) imperare	sich selbst überwinden und beherrschen
pie facere aliquid	etwas mit gutem Gewissen tun
conscientia sua niti (sustentari)	an seinem guten Gewissen einen festen Halt haben
religioni habere (ducere) aliquid, aliquid alicui in religionem venit	sich ein Gewissen aus etwas machen
animi conscientiam comprimere	das Gewissen übertäuben
nulla fide et religione	ohne alles Gewissen
fidem venalem proponere, venale habere aliquid	mit sich handeln lassen, käuflich sein
diligentem esse in retinendis officiis	seine Pflichten pünktlich erfüllen
officio fungi, in officio esse	seine Pflicht tun
suum rei publicae officium praestare	seine Pflicht gegenüber dem Vaterland erfüllen
in officio manere	pflichtgetreu sein

officium deserere, officio deesse	*seine Pflicht nicht erfüllen*
secundum fidem et religionem testimonium dicere	*seine Aussage nach bestem Wissen und Gewissen machen*
in officio manere (permanere)	*treu bleiben*
in sententia constare	*seiner Gesinnung treu bleiben*
de voluntate propria mea nihil est remissum	*von meiner Gesinnung habe ich nichts aufgegeben*
ad ultimum in fide manere erga aliquem	*jd. bis zum letzten Augenblick treu bleiben*
omnia consilia et facta ad dignitatem et ad virtutem referre (revocare)	*Ehre und Tugend zum Prinzip allen Denkens und Handelns machen*
in aliena persona expressam imaginem virtutis videre	*in einem anderen ein Ideal der Tugend sehen*
ne tantulum quidem ab aequitate recedere	*keinen Finger breit vom rechten Weg abweichen*

11. Charakter und Würde

in peius (com)mutari	*ausarten, herunterkommen*
ad se et ad mores suos redire	*wieder der Alte werden*
nihil simile hominis habere	*keine Ähnlichkeit mit einem Menschen haben*
non convenit aliquid meae virtuti	*etwas ist unter meiner Würde*
ipsum a se deficere	*sich selbst untreu werden*
qualis quis fuerit, tradere	*(als Historiker) jd. charakterisieren*
mores alicuius effingere	*einen Charakter künstlerisch darstellen*
proprium est alicuius	*es ist ein charakteristisches Merkmal, ein Wesenszug jds.*
propriam naturam deponere	*seine Natur verleugnen*
obstinatione quadam sententiae repudiare aliquid	*aus Eigensinn etwas ausschlagen*
ille inventus est, qui; is fuit, qui ...	*er war dazu fähig, zu ...*
peccatum mihi commune est cum aliquo	*ich habe einen Fehler mit jd. gemeinsam*
sui iuris dignitatisque retinentem esse	*sich nichts vergeben wollen*
se colligere	*sich zusammennehmen*
prae se ferre maiestatem dignitate corporis	*durch würdige Erscheinung einen hoheitsvollen Eindruck machen*
gravitatem adhibere in summo dolore	*im größten Schmerz seine Würde behaupten*

dignitati suae deesse	*sich unwürdig benehmen*
consilio labi	*wanken*
animo mobili esse	*wankelmütig sein*

12. Laster, Verbrechen, Schuld

de recta ratione deflectere	*vom geraden Weg abweichen*
a natura recedere	*von der Natur abweichen*
crudelitatem suam exercere in aliquo	*seine Grausamkeit an jd. auslassen*
maculam concipere	*sich beflecken*
religionem facinoris (maleficii = Missetat, facti = Handlungsweise) alicuius in se recipere	*den Fluch einer Tat auf sich nehmen*
scelerum poenis agitatur aliquis	*jd. wird vom Fluch seiner Verbrechen herumgetrieben*
falsum dicere	*die Unwahrheit sagen*
mendacium honestum	*eine erlaubte Lüge*
personam philosophi induere	*den Philosophen spielen*
non dissimulare	*sich nicht verstellen*
divitem se facere	*sich für reich ausgeben*
probra obicere alicui	*einem seine schlimmen Streiche vorwerfen*
flagitium committere, dedecus in se admittere	*eine böse Tat begehen*
scelus facere (committere, perpetrare), scelere se obstringere	*ein Verbrechen begehen*
scelus edere in aliquem	*ein Verbrechen an jd. verüben*
manus afferre alicui	*sich an jd. vergreifen*
per indicium enuntiare alicui aliquid	*einem etwas verraten*
corrumpere mores alicuius	*jd. verführen*
pretio inducere aliquem	*jd. durch Geld verführen*
donis datis muneribusque obtinere (consequi) aliquid	*etwas durch Bestechung erreichen (durchsetzen)*
infinita largitione uti	*riesige Summen zur Bestechung ausgeben*
in culpa esse	*im Unrecht sein, Unrecht haben*
infandum scelus, contra ius fasque	*ein schreiendes Unrecht*
per iniuriam, iniuria	*mit Unrecht, widerrechtlich, unrechtmäßigerweise*

in culpa esse, culpae affinem esse	*schuld sein, mitschuldig sein*
aliquid culpa alicuius contractum est	*jd. ist an etwas schuld*
est in aliquo maxima culpa	*jd. trifft die größte Schuld*
non meo vitio fit, ut ...	*meine Schuld ist es nicht, daß ...*
culpam a se in aliquem transferre	*die Schuld von sich auf jd. anderen schieben (abwälzen)*
crimini dare alicui aliquid	*einem die Schuld an etwas geben*
culpam conferre (conicere) in aliquem, culpam attribuere alicui	*einem die Schuld beimessen*
peccare (committere) aliquid, admittere in se aliquid	*sich etwas zuschulden kommen lassen*
numquam ad illum accessit ulla culpa	*er hat sich nie etwas zuschulden kommen lassen*
crimine alicuius rei eximere aliquem	*jd. von der Schuld an etwas freisprechen*
praeteritam culpam redimere	*eine alte Schuld gutmachen*
debere hoc alicui, ut ...	*es einem schuldig sein, daß ...*
abesse a culpa, extra culpam esse; vacare (carere) culpa	*ohne Schuld, frei von Schuld, unschuldig sein*
omni culpa vacare	*völlig unschuldig sein*
prope abesse a culpa	*nicht ganz ohne Schuld sein*

13. Buße und Strafe

animadvertere, gravius (aliquid) statuere in aliquem	*gegen jd. einschreiten, streng gegen jd. vorgehen*
peccati (sceleris) poenas luere	*seinen Frevel büßen müssen*
magnam erroris sui mercedem dare	*seinen Irrtum schwer büßen*
capite luere aliquid	*mit seinem Leben für etwas büßen*
punire aliquem, poena afficere aliquem; animadvertere in aliquem	*jd. strafen, gegen jd. mit Strafe vorgehen*
vindicare (ulcisci et persequi) aliquid	*etwas bestrafen*
poenam constituere in aliquem (alicui)	*eine Strafe gegen jd. festsetzen*
poenam subire	*eine Strafe auf sich nehmen*
evolare ex poena, poenam subterfugere	*einer Strafe entgehen*
ad poenam repetere aliquem, ad supplicium deposcere aliquem	*verlangen, daß jd. bestraft wird*
iustam poenam remittere alicui	*einem die verdiente Strafe erlassen*
maiore supplicio dignum esse	*eine schwerere Strafe verdienen*

poenam capitis subire	*die Todesstrafe erleiden*
morte sancire, si ...	*die Todesstrafe auf etwas setzen*
multare aliquem pecunia, multam irrogare alicui	*jd. mit einer Geldstrafe belegen*
fidem publicam dare alicui	*einem Straflosigkeit zusichern*
impunitum discedere	*straflos ausgehen*
omni impunitate proposita	*als man völlige Straffreiheit zugesichert hatte*
maxima illecebra peccandi impunitatis spes	*die stärkste Anlockung zu Vergehen ist die Hoffnung, straflos auszugehen*
hunc sibi provincia illa defensorem iuris, ultorem iniuriarum adoptavit	*diesen hat sich jene Provinz als Anwalt ihres Rechtes, als Rächer erlittener Unbill gewählt*
homines impune occidebantur	*Menschen wurden getötet, ohne daß jemand dafür bestraft wurde*
iniuriam inultam dimittere	*eine Beleidigung ungestraft lassen*
in ulciscendo remissior fuit	*er betrieb die Rache allzu lässig*
deprehendere aliquem, in manifesto facinore (scelere) deprehendere aliquem	*jd. auf frischer Tat ertappen*
in facinore manifesto deprehensus poenas legibus et iudicio dedit	*er wurde auf frischer Tat ertappt und wurde nach Gesetz und Recht bestraft*

HAUS UND HÄUSLICHES LEBEN · SITTE UND GEWOHNHEIT MITTEILUNG, UMGANG, VERKEHR

1. Leben in und außer Hause

fores pulsare	*an die Tür klopfen*
claudere (operire) fores	*die Tür zuschließen*
domum suam instruere	*sich einrichten*
domus copiose ornata	*ein glänzend eingerichtetes Haus*
parvo vivere	*bescheiden leben*
victus tenuis	*schmale Kost, bescheidene Lebenshaltung*
rem familiarem administrare, curam rei familiaris gerere	*haushalten, sein Vermögen verwalten*
severa disciplina domestica	*strenge Hausordnung, strenge Zucht im Hause*
divortium facere cum aliqua	*sich scheiden lassen von jd.*
vestem mutare	*Trauer anlegen; auch: die Kleider wechseln*
ad vestitum suum redire	*die Trauer ablegen*
verba de foro arripere	*Worte von der Straße auflesen*
maledictum ex trivio arripere (apprehendere)	*ein Schimpfwort von der Gosse aufgreifen*
intra parietes (domesticis finibus) se tenere	*in seinen vier Wänden bleiben*
multum in venationibus versari, venationi studere	*oft auf die Jagd gehen, ein passionierter Jäger sein*
rusticari	*auf dem Lande leben*
in agris esse (habitare, incolere)	*auf dem flachen Lande leben*
quo tendis?	*wo willst du hin?*
iter facere, peregrinari	*reisen, auf Reisen sein*
peregre profectus est	*er ist (nach auswärts) verreist*
itineribus se dare	*sich auf die Reise begeben*
in viam se dare	*sich auf die Reise begeben*
itinera componere	*einen Reiseplan machen*
advenae (peregrini, hospites)	*Reisende, Fremde*

2. Umgang und Verkehr

praesto esse alicui, salutatum venire aliquem	jd. seine Aufwartung machen
adventus hospitum	*Besuch von Gastfreunden*
convenire (salutare) aliquem, adire ad aliquem	*jd. besuchen, zu jd. gehen*
hominum frequentia celebrari	*viel besucht werden*
devertere ad aliquem, hospitio alicuius uti	*bei jd. einkehren, jds. Gastfreundschaft in Anspruch nehmen*
deversari apud aliquem	*bei jd. zu Besuche sein*
aditum ad aliquem intercludere alicui	*jd. den Zutritt zu einem verwehren*
potestatem sui facere alicui	*jd. empfangen, vor sich lassen*
aditum sibi invenire ad aliquem	*sich Zugang (Zutritt) zu jd. verschaffen*
aditum et cognitionem alicuius patefacere et munire alicui	*einem die Bekanntschaft eines anderen und den Zutritt zu ihm vermitteln*
quotidie omnibus sui conveniendi potestatem facere	*täglich für jedermann zu sprechen sein*
patere omnibusque in promptu esse	*offen daliegen und allgemein zugänglich sein (von Sachen)*
liberaliter (comiter) excipere aliquem	*jd. freundlich aufnehmen (empfangen)*
tecto ac domo recipere aliquem	*jd. unter seinem Dache aufnehmen*
ab omnium conspectu recedere	*sich nicht zeigen, sich nicht sehen lassen*
in notitiam alicuius venire	*mit jd. bekannt werden*
probe (recte) novisse aliquem	*jd. gut (genau) kennen*
penitus nosse aliquem	*einen durch und durch kennen*
domum suam vocare aliquem	*jd. zu sich einladen*
hospitio accipere (excipere) aliquem	*jd. gastlich aufnehmen*
in convivium adhibere aliquem	*jd. zum Essen einladen, einen zur Tafel ziehen*
cenam comparare (instruere), convivium apparare	*eine Mahlzeit bereiten*
laute (apparatis epulis) excipere aliquem	*jd. glänzend bewirten*
mensam exquisitissimis epulis exstruere	*die ausgesuchtesten Gerichte auffahren lassen*
mensae exstructae	*eine reich besetzte Tafel*
super cenam	*bei Tische*
in intima familiaritate alicuius versari	*vertrauten Umgang mit jd. pflegen*

assiduum esse cum aliquo	*ständig mit jd. zusammensein*
apud aliquem tamquam domi suae esse	*bei jd. wie zu Hause sein*
consuetudinem vitae victusque alicuius magni aestimare	*großen Wert auf das gesellige Zusammenleben mit jd. legen*

3. Gespräch und Mitteilung

plane (omnino) dicere, dilucide (aperte) vetare aliquid	*etwas ausdrücklich sagen, verbieten*
deposcere et expetere aliquid	*etwas dringend verlangen*
definite potestatem alicuius rei faciendae dare alicui	*einem ausdrücklich die Erlaubnis zu etwas geben*
verbis exsequi aliquid	*über etwas ausführlich sprechen*
totum se patefacere alicui	*sich ganz offen mit jdm. aussprechen*
despicere (contemnere) aliquid	*sich verächtlich über etwas äußern*
audaciae, voces audaciae plenae	*kühne Äußerungen (Worte)*
mutuari aliquid ab aliquo	*von jd. etwas entlehnen*
sermonem inferre de aliqua re	*das Gespräch (die Rede) auf etwas bringen*
in sermonem aliquem delabi	*unmerklich auf etwas zu sprechen kommen*
sermonem alio transferre	*das Gespräch auf einen anderen Gegenstand lenken*
in mentionem alicuius rei incidere	*zufällig auf etwas zu sprechen kommen*
copiam habere alicuius; facultas mihi datur alicuius	*jd. sprechen können; ich erhalte Zugang zu jd., werde vorgelassen*
sermonem conferre cum aliquo	*ein Gespräch (eine Unterhaltung) mit jd. anknüpfen*
inceptum sermonem abrumpere	*ein begonnenes Gespräch abbrechen*
sermonem producere	*ein Gespräch in die Länge ziehen*
sermo blandus	*gewinnende Unterhaltungsgabe*
ab initio rem, quemadmodum gesta sit, exponere	*den ganzen Verlauf einer Sache erzählen*
narrare fabellam	*eine Anekdote erzählen*
versatum est aliquid in disputatione summorum hominum	*große Männer haben sich über etwas unterhalten*
delicatum sermonem inferre in re seria	*über ernste Dinge leichtfertig daherreden*
aut per iocum (ridiculum) aut serio (severe)	*im Scherz oder im Ernst*

animi causa, per iocum	*zum Scherz*
extra iocum	*ohne Scherz, Spaß beiseite*
iocari aliquid	*etwas bloß im Scherz sagen*
facete (ridicule) dicere	*einen Witz machen*
facetiis uti	*Witze machen*
dicta dicere in aliquem	*Witze über jd. machen*
si voles, si tibi videbitur; si placet	*wenn du willst, wenn du so gut sein willst*
responsum ferre ab aliquo	*eine Antwort von jd. bekommen*
vocem aliquam conicere	*ein Wort fallen lassen*
communicare (conferre) aliquid cum aliquo	*einem etwas mitteilen*
certiorem facere aliquem alicuius rei, deferre aliquid ad aliquem	*jd. eine Mitteilung machen, ihn von etwas unterrichten*
sermonem referre	*eine Unterredung mitteilen*
celare aliquem aliquid (de aliqua re)	*vor jd. ein Geheimnis aus etwas machen*
nuntii perferuntur	*es laufen Nachrichten ein*
in sermonem incidere	*ins Gerede kommen*
sermonem dare alicui	*jd. Anlaß zum Gerede geben*
rumor (fama) est, sermo manat; serpit rumor; fama (sermo) divulgatur	*es verbreitet sich ein Gerücht, ein Gerücht geht um*
fama percrebruit (emanavit)	*es hat sich das Gerücht verbreitet*
fama omnia in maius ferre solet	*das Gerücht pflegt alles zu übertreiben*
fama et auditione accepisse aliquid	*etwas nur vom Hörensagen wissen*
divulgari, foras efferri	*unter das Publikum kommen, in der Öffentlichkeit bekannt werden*
vacare populo, corona (audientium) vacare	*kein Publikum haben (finden)*
in pervagato civitatis sermone versari	*allgemeines Stadtgespräch sein*
in vulgus pervagatum esse, pervagatum et celebratum esse	*allgemein verbreitet sein*
in proverbium (in proverbii consuetudinem) venire (cedere)	*zum Sprichwort werden*
ut est in proverbio, ut dicunt	*wie das Sprichwort sagt*
litteras dare ad aliquem	*einen Brief an jd. schreiben*
pluribus verbis scribere ad aliquem	*einem ausführlicher schreiben*
reddere (tradere) alicui epistulam	*jd. einen Brief zustellen (übergeben)*
epistulae signum detrahere	*an einem Brief das Siegel lösen*
rescribere aliquid epistulae alicuius	*einen Brief beantworten*

litteris committere aliquid	*einem Briefe etwas anvertrauen*
salvere iubere aliquem plurimum	*jd. vielmals grüßen lassen*
consignatum habere aliquid	*etwas verbrieft haben*

4. Gewohnheit und Sitte

in nostros mores inducere aliquid	*etwas bei uns einheimisch machen*
in consuetudinem venire	*zur Gewohnheit werden*
sequar, ut institui, divinum illum virum	*ich will, wie ich begonnen habe, jenem herrlichen Mann folgen*
manere in instituto suo	*bei seiner Gewohnheit bleiben*
consuetudinem suam tenere (retinere, servare)	*an seiner Gewohnheit festhalten, nicht davon abgehen*
naturae suae consuetudinique servire	*seinem Charakter und seiner Gewohnheit treu bleiben (folgen)*
morem retinere	*eine Sitte beibehalten*
sicut mos maiorum ferebat	*wie es die Sitte unserer Altvorderen mit sich brachte*
veterem morem ac maiorum instituta retinebant excellentes viri	*hervorragende Männer behielten die alte Sitte und die Einrichtungen der Väter bei*
a vetere consuetudine discedere	*von einer alten Gewohnheit abgehen*
vetere consuetudine se abdicare	*einer alten Gewohnheit entsagen*
veterem morem revocare	*eine alte Sitte wiedereinführen*
externos mores imitari	*ausländische Sitten annehmen*
negavit moris esse Graecorum, ut in convivio virorum accumberent mulieres	*er behauptete, es sei keineswegs griechische Sitte, daß Frauen am Männergelage teilnähmen*
paulatim serpit ac prodit consuetudo	*eine Gewohnheit verbreitet sich allmählich*
ne oratio mea aliena a cotidiana dicendi consuetudine esse videatur	*damit es nicht den Anschein erweckt, als weiche meine Rede vom alltäglichen Sprachgebrauch ab*
mihi cotidiana consuetudo intercedit cum aliquo	*ich gehe täglich mit jemandem um*

BESITZ UND EIGENTUM · HANDEL UND WANDEL
GEWINN UND VERLUST

1. Besitz und Armut

in rem suam convertere aliquid	*sich etwas aneignen*
partem suam sibi deposcere (sibi depacisci)	*sich seinen Anteil ausbedingen*
proprium ac perpetuum esse	*festes und dauerndes Eigentum sein*
possessione moveri (exturbari, deici)	*aus seinem Eigentum vertrieben werden*
bonis evertere aliquem	*jd. aus seinem Besitztum vertreiben*
sedibus evertere (depellere) aliquem	*jd. von Haus und Hof vertreiben*
possessione alicuius rei cedere alicui	*jd. den Besitz einer Sache abtreten*
hereditatem adire (cernere, capere)	*eine Erbschaft antreten*
de rebus domesticis bene constitutum esse	*finanziell gut gestellt sein*
pecuniosum esse, in suis nummis multis esse; pecuniis abundare	*viel Geld haben, viel Vermögen besitzen*
rem familiarem bene tueri	*sein Vermögen gut verwalten*
rem familiarem sibi parere, dissipare	*Vermögen erwerben, Vermögen verschleudern*
re familiari comminui, de bonis deminui	*Vermögen einbüßen*
in fortunas alicuius invadere (impetum facere)	*von dem Vermögen eines anderen Besitz ergreifen wollen*
res meliores quaerere	*seine Lage zu verbessern suchen*
angusta ei res est, res familiaris ei non suppetit	*er hat keine Mittel, hat nur beschränkte Mittel*
alterius opes exspectare (mit oder ohne cogi)	*auf fremde Mittel angewiesen sein*
calamitate premi	*Not leiden*
ad inopiam redigi, in egestatem deduci	*in Armut geraten, verarmen*
ad paupertatem redigere aliquem	*einen arm machen*
ad extremam inopiam redigi	*zum Bettler werden*
in summa egestate (mendicitate) esse	*bettelarm sein*

aes alienum contrahere (conflare)	*Schulden machen*
aere alieno se obstringere (se obruere)	*sich in Schulden stürzen*
in aere alieno esse, laborare ex aere alieno; premi aere alieno	*in Schulden stecken*
civitas fenore laborabat	*die Bürger waren schwer verschuldet*
debere alicui	*jds. Schuldner, in jds. Schuld sein*
debita remittere alicui, pecunias debitori condonare	*jd. seine Schulden erlassen*
aes alienum solvere (dissolvere)	*seine Schulden bezahlen*
aere alieno exire	*aus den Schulden kommen*
satisfacere creditoribus	*seine Gläubiger befriedigen*
iniquissimo fenore versuram facere	*eine Anleihe gegen Wucherzinsen machen*
pecuniam mutuam sumere ab aliquo	*Geld von jd. borgen*
pecuniam mutuam dare alicui	*einem Geld leihen*
inveterascit aes alienum et crescit multiplicandis usuris	*die Schulden bleiben und nehmen durch Zinseszinsen zu*

2. Buchführung und Geldwesen

tabulae expensi, tabulae accepti	*Ausgabe-, Einnahmebuch, Kontobuch*
tabulas conficere	*Buch führen*
referre in tabulas aliquid	*etwas buchen (in die Bücher eintragen)*
proferre tabulas	*die Bücher vorlegen*
acceptum (Gegensatz: expensum) referre alicui aliquid	*einem etwas gutschreiben (zur Last schreiben)*
pecunias collocarenias collocare	*Kapitalien anlegen*
iactatur nummus	*der Kurs schwankt*
credere alicui	*jd. Kredit geben*
fide alicuius pecuniam (mutuam) sumere	*auf jds. Kredit Geld aufnehmen*
acquirere ad fidem	*Kredit gewinnen*
ratio pecuniarum	*das Geldwesen, der Geldverkehr*
pecuniam numeratam habere, in suis nummis esse	*bares Geld haben, bei Kasse sein*
praesentem pecuniam solvere	*eine Geldsumme bar auszahlen*
aequis pensionibus pecuniam solvere	*eine Summe in gleichen Raten zahlen*
pecuniam in plures annos discribere	*die Zahlung auf mehrere Jahre verteilen*

magnam ex aliqua re pecuniam conficere	*viel Geld mit etwas verdienen*
pecuniam efficere (conficere)	*Geld aufbringen*
pecuniam redigere ex aliqua re	*eine Geldsumme für den Verkauf von etwas einziehen, einstreichen*
magnam pecuniam insumere in aliquid	*viel Geld auf etwas verwenden*
mercede conductum (nummis acceptis) facere aliquid	*für Geld (um klingenden Lohn) etwas tun*
appellare aliquem de pecunia, quam debet	*jd. an seine Schuld mahnen*
pecuniam bene (recte) conlocare in aliqua re	*Geld gut in etwas anlegen*
in quaestum conferre aliquid	*mit etwas Geld verdienen*
pecuniam fenore occupare	*Geld auf Zinsen legen*
difficultate rei nummariae teneri	*in Geldverlegenheiten sein*
mercedem dare (persolvere) alicui	*jd. seinen Lohn auszahlen*
mercede docere	*gegen Honorar Unterricht erteilen*

3. Handel, Kauf und Verkauf

eae res, quae exportantur	*Ausfuhrartikel*
negotium (negotia) gerere	*Geschäfte machen*
homines negotia gerentes, negotiatores	*Geschäftsleute*
contrahere rem (negotium) cum aliquo	*mit jd. in Geschäftsverbindung treten*
mercaturae ratione coniunctum esse cum aliquo	*in Handelsverbindungen mit jd. stehen*
in quaestum conferre aliquid	*etwas zu einer Einnahmequelle machen*
novos quaestus instituere	*neue Erwerbszweige einführen*
quaestum facere	*sich etwas verdienen*
conducere, pretio conducere	*mieten, pachten, dingen*
locare aliquid faciendum, opus faciendum locare	*etwas verdingen, in Pacht (Akkord) geben*
redimere aliquid faciendum	*etwas in Pacht nehmen*
auctionem constituere	*eine Versteigerung halten*
mercaturam (mercaturas) facere	*Handel treiben*
omnes undique cum mercibus atque oneribus huc commeant	*hier herrscht lebhafter Handelsverkehr, hier ist ein bedeutender Umschlageplatz*
navigari coeptum est	*die Schiffahrt hat begonnen*

onus (onera) imponere	laden
hic annus in summa caritate (Ggs.: vilitate) erat	in diesem Jahr war alles sehr teuer (billig)
simulatio emptionis	ein Scheinkauf
pretium statuere (constituere) alicui rei	den Preis für etwas bestimmen
praefinire, quo ne pluris quis emat	einen Höchstpreis festsetzen
magno pretio locare aliquid	etwas zu einem hohen Preis vermieten
ingravescit annona	der Getreidepreis steigt, die Teuerung nimmt zu
commodis suis servire, nihil nisi de commodis suis (de re sua) cogitare	nur an sein Interesse (seinen Vorteil) denken
sumptum (sumptus) facere in aliquid	Kosten für etwas aufwenden
sumptibus (impendio) parcere	Kosten sparen
hoc de mea pecunia impensum est	das kostet mich mein Geld
hoc gratis mihi constat	das kostet mich nichts
magno detrimento constare	große Opfer kosten

4. Gewinn und Verlust

ostenditur fructus	ein Gewinn steht in Aussicht
fructum percipere ex aliqua re	Gewinn aus etwas ziehen
in lucro ponere aliquid	etwas für einen Gewinn ansehen
potestate permissa ad quaestum uti	eine übertragene Gewalt zu gewinnsüchtigen Zwecken mißbrauchen
iacturam (damnum) facere, detrimentum accipere; damno (detrimento) affici	einen Verlust erleiden
magnum damnum facere in aliquo	einen großen Verlust durch jds. Tod erleiden
damnum compensare	einen Verlust ersetzen
solvendo non esse	bankerott (zahlungsunfähig) sein
solutio impedita est	die Zahlungen stocken

DER STAAT

Der Mensch im Staat · Rang und Stand · Verwaltung und Regierung
Herrschaft und Freiheit · Rechtspflege

1. Der Staatsbürger

in civitatem (civitate) recipere aliquem	jd. die Staatsangehörigkeit geben
in civitatem adscribi (adscisci)	sich in eine Gemeinde aufnehmen lassen
civitate donare aliquem, civitatem tribuere (impertire) alicui	einem das Bürgerrecht verleihen
in civitatem (in integrum) restituere aliquem	jd. in seine bürgerlichen Rechte wieder einsetzen, ihn vollständig rehabilitieren
civitatem mutare	die Staatsangehörigkeit wechseln
(ex) patria expellere aliquem, civitate eicere; in exsilium pellere (nicht mittere!) aliquem	jd. des Landes verweisen, einen verbannen

2. Rang und Stand

nobili loco (genere) natum esse, nobilitate florere	adelig (von hoher Geburt) sein
antiquitate generis florere	von altem Adel sein
favere nobilitati	es mit dem Adel halten
auctoritate valere (florere), magno loco esse	in Ansehen stehen, angesehen sein
auctoritate sua uti	seinen Einfluß geltend machen
altiorem dignitatis gradum consequi	es zu höherem Ansehen bringen
ad summam dignitatem perducere aliquem	jd. zu den höchsten Würden befördern
in altissimo gradu positum (conlocatum) esse	auf der höchsten Stufe stehen
splendor ordinis, decus atque ornamentum ordinis	die Zierde seines Standes
homo honoribus ornatissimus	ein Mann, der mit Ehren überhäuft ist

omnes honestates (dignitates, auctoritates)	die Spitzen der Gesellschaft
summum (principem) locum obtinere	der Vornehmste sein
personam principis tueri, se pro principe gerere	eine bedeutende Rolle spielen
primas concedere (dare) alicui	jd. den Vorrang einräumen
praecipuo iure esse	ein Vorrecht (Privilegium) genießen
nomen trahere ab aliqua re	einen Namen von etwas erhalten
verbis alicuius admonere aliquem	einen im Namen jds. erinnern
ego, quod ad me attinet	ich für meine Person
omnia per se obire	alles persönlich besorgen
corpore alicuius potiri	sich jds. bemächtigen
praeclare consistere in aliqua re	seinen Platz glänzend behaupten
locum dare (cedere, concedere) alicui	einem Platz machen
summo honore fungi, altissimum in civitate gradum obtinere	ein hohes Staatsamt bekleiden
repudiare auctoritatem superiorem alicuius	die höhere Stellung jds. nicht anerkennen
in pristinam dignitatem restituere aliquem	jd. in seine frühere ehrenvolle Stellung wieder einsetzen
dignitatem suam tueri	seine Stellung behaupten
gradu movere (depellere), de gradu (de statu) deicere aliquem	jd. aus seiner Position verdrängen, ihm seinen Rang nehmen
plausum popularem quaerere	nach Volksgunst (Popularität) streben
aura popularis	die Volksgunst
popularis offensio, aliena et offensa populi voluntas	verscherzte Volksgunst, Unbeliebtheit bei den Leuten
homo maxime popularis	der Mann des Volkes
vir vere popularis (Gegensatz: aurae popularis captator)	ein echter Freund des Volkes (Gegensatz: Demagoge)
summis infimis iucundum esse	bei hoch und niedrig beliebt sein

3. Verwaltung und Regierung

muneri praeesse, munere fungi; magistratum gerere	ein Amt bekleiden
munus suum tueri	seine Amtspflicht erfüllen
in imperio (ebenso: in praetura)	während seiner Amtsführung
meum non est	das ist nicht meines Amtes

honores mandare	Ämter übertragen
abrogare alicui munus, removere aliquem a munere	jd. seines Amtes entheben, ihn absetzen
in locum alicuius succedere (substitui), muneri alicuius succedere	an jds. Platz kommen, sein Nachfolger werden
qui successit	der Nachfolger
substituere (sufficere) aliquem in locum alterius	jd. an die Stelle eines anderen setzen
se abdicare magistratu, abdicare magistratum; imperium deponere	abdanken, den Abschied nehmen; sein Amt niederlegen
progredi in publicum, in medium procedere; in lucem prodire	sich öffentlich zeigen, vor die Öffentlichkeit treten; öffentlich auftreten
forensi luce carere	nicht öffentlich auftreten
in adspectum lucemque proferre aliquid	mit etwas an die Öffentlichkeit treten
contionem convocare (Gegensatz: dimittere)	eine Volksversammlung einberufen
pro contione laudare aliquem	jd. vor versammeltem Volke belobigen
in rostris (nur in Rom, sonst: in suggestu) florere (regnare)	auf der Rednerbühne glänzen (herrschen)
in tribunal ascendere	die Rednerbühne betreten (vom Prätor, Richter, Feldherrn)
in contionem ascendere (escendere), apud populum dicere	als Redner vor dem Volk auftreten, die Rednerbühne betreten
timide ad dicendum accedere	schüchtern auftreten
comitia (z. B. consulibus creandis) habere	eine Wahlversammlung abhalten
comitia in certum diem edicere	die Wahlen auf einen bestimmten Tag ansetzen
comitiis praeesse	Vorsitzender in einer Wahlversammlung sein, den Vorsitz führen
disciplina ac temperatio civitatis	die Organisation des Staates
rem publicam institutis et legibus temperare	das Staatsleben durch Verfassung und Gesetze regeln
rem publicam constituere (Subst.: constitutio rei publicae)	dem Staat eine Verfassung geben
firmamenta rei publicae evertere	die Grundpfeiler der Verfassung stürzen
in unum corpus confundi	zu einem Ganzen vereinigt werden
beneficia ponere in re publica	dem Staat Dienste leisten

homo civilium rerum (tractandae rei publicae) peritus	*ein Diplomat, Staatsmann, Politiker*
rei publicae rector et consilii publici auctor habetur aliquis	*jd. gilt als bedeutender und tonangebender Staatsmann*
accedere (adire, se conferre) ad rem publicam, rem publicam capessere	*in den Staatsdienst treten, sich mit Politik beschäftigen, Politiker werden*
rem publicam gerere (administrare, tractare)	*den Staat verwalten*
totum et animo et corpore in salutem rei publicae se conferre	*alle geistigen und körperlichen Kräfte für den Staat einsetzen*
bene mereri de re publica	*sich große Verdienste um den Staat erwerben*
status rei publicae	*die Lage des Staates*
de rei publicae commodis cogitare	*auf das Wohl des Staates bedacht sein*
bono publico	*zum Besten des Staates*
gubernacula rei publicae tractare, ad gubernacula rei publicae sedere	*an der Spitze des Staates stehen, Lenker des Staates sein*
rei publicae deesse, deficere a re publica	*sich um den Staat nicht kümmern, den Staat im Stich lassen*
in otium se referre, a re publica (a negotiis publicis) se removere	*sich vom Staatsleben zurückziehen*
summo magistratui praeesse	*Staatsoberhaupt sein*
sumptu publico, de publico; publice	*auf Kosten des Staates, auf Staatskosten*
principem legationis esse, principem locum legationis obtinere	*eine Gesandtschaft führen, ihr Wortführer sein*
pecuniam de aerario auferre	*Geld aus dem Staatsschatz nehmen*
in foedere (in pacto) manere, foedere stare	*einen Vertrag halten, bündnistreu sein*
obire provinciam	*eine Provinz bereisen*
vectigalia exigere (exercere)	*Abgaben (Steuern, Zölle) erheben*
vectigal alicui rei imponere	*Zoll auf etwas legen*

4. Politik und politische Linie

res civiles (publicae)	*die Politik*
prudentia civilis, consilium urbanum; sapientia constituendae rei publicae	*politische Einsicht, politisches Verständnis*
oratio civilis	*eine politische Rede*
ratio atque natura temporum civilium	*die politische Lage*

rei publicae causa, propter salutem rei publicae	*aus politischen Gründen, des Gemeinwohls halber*
in re publica versari, rei publicae operam dare	*politisch tätig sein*
in re publica adversarius	*ein politischer Gegner*
in (de) re publica regenda dissentire	*politische Meinungsverschiedenheiten haben*
in ratione civili	*in der Politik*
Caesaris rei publicae gerendae (administrandae, gubernandae) ratio	*die Politik, das politische System Caesars*
in re publica plurimum valere, principem locum obtinere; primas agere	*eine hervorragende politische Rolle spielen*
meus in re publica capessenda status	*meine politische Rolle*
alicuius in re publica consilia sequi	*sich der Politik jds. anschließen*
auctoritatem disciplinamque rei publicae capessendae iuventuti praescribere	*der jüngeren Generation die verbindliche Linie der Politik vorzeichnen*
studio ad rem publicam ferri	*sich leidenschaftlich auf die Politik verlegen*
multum videre in re publica	*politischen Weitblick besitzen*
usus tractandae rei publicae	*politische Erfahrung (Praxis)*
rei publicae regendae peritus, rei publicae rector	*der Politiker, Staatsmann*
homo in re publica exercitatus	*ein erfahrener Politiker*
eadem de re publica sentire	*politischer Gesinnungsgenosse sein*
dissentire ab aliquo in re publica	*andere politische Ansichten haben als jd.*
rei publicae dissensio	*politische Meinungsverschiedenheit*
explicare rationem rerum civilium	*seine politischen Ansichten entwickeln*
studium rei publicae infirmare	*die politische Aktivität hemmen*
ingeniorum levitas	*Gesinnungslosigkeit*
eandem viam ac rationem rei publicae capessendae inire (ingredi)	*dieselbe politische Richtung einschlagen*
in suis sententiis de re publica pristinis permanere	*seine früheren politischen Grundsätzen treu bleiben*
in re publica ita se tractare (gerere), ut ...	*sich in politischer Hinsicht so halten, daß ...*
rerum natura et civilium temporum non patitur aliquid	*die politischen Verhältnisse erlauben etwas nicht*
quod tenetur in rebus publicis gerendis	*ein politischer Grundsatz*

rerum civilium natura atque ratio	die Struktur der innerpolitischen Lage
publicus consensus	die übereinstimmende öffentliche Meinung
contentio partium	der Kampf der Parteien
neutri parti adhaerere, neutrius partis esse; neutram in partem inclinare	neutral bleiben (sein), sich keiner Partei (Richtung) anschließen
populares, optimates	Demokraten, Konservative
mos partium popularium	die Methoden der Volkspartei (Demokraten)
novarum rerum cupidum esse	einen Umsturz (Revolution) vorhaben
novae res, conversio rerum publicarum	eine Staatsumwälzung, Revolution
homo seditiosus (turbulentus)	ein Revolutionär, Rebell
impendet magna rerum perturbatio	eine Revolution droht
rem publicam labefactare (vexare), multa in re publica moliri	den Staat erschüttern (revolutionieren)
summam rerum (summam salutem atque incolumitatem civitatis) in periculum adducere	die Existenz des Staates gefährden
cuncta praesidia rei publicae labefactare	an allen Stützen des Staates rütteln
parum est e re publica	es verträgt sich nicht recht mit dem Staatsinteresse
profligare rem publicam	den Staat fast zugrunde richten
stare non potest res publica	der Staat muß zugrunde gehen
res publica (salus rei publicae) continetur aliqua re	der Bestand des Staates beruht auf etwas
contra rem publicam fit (est) aliquid	es ist etwas staatsgefährlich
decernere contra rem publicam factum esse aliquid	etwas als Verfassungsbruch erklären
iudicare contra rem publicam fecisse aliquem	jd. für einen Hochverräter erklären
auctoritatem actorum meorum non subterfugio	ich scheue nicht die Verantwortung für meine Politik
tam sum amicus rei publicae quam qui maxime	mir liegt der Staat so sehr wie nur irgend einem am Herzen
salus (conservator, pater) patriae	Retter des Vaterlandes

5. Staatsformen, Herrschaft und Freiheit

regnare, regnum obtinere	*König sein*
unius dominatus, regium imperium	*die Monarchie*
principatus, principis imperium	*der Prinzipat, das Kaisertum*
regnum occupare	*sich zum König aufwerfen, den Thron an sich reißen*
regiam potestatem obtinere	*königliche Gewalt innehaben*
in regno ac dicione esse	*in einer Monarchie leben*
restituere liberam rem publicam	*die Republik wiederherstellen*
amplecti liberam rem publicam summo ardore	*mit Leib und Seele Republikaner sein*
ad ductum (auctoritatem) alicuius se applicare	*sich jds. Führung anvertrauen*
ad voluntatem alicuius se conformare	*sich nach dem Willen jds. richten*
imperium apud paucos est	*es besteht eine Oligarchie*
populare imperium in civitate est	*die Demokratie ist eingeführt*
res publica populari ratione constituta	*eine Demokratie*
Platonis civitas commenticia; optima civitatis species, quam Plato sibi animo finxit	*Platons Idealstaat*
in officio tenere (continere) aliquem	*jd. bei Gehorsam erhalten*
in proscriptorum numerum referre aliquem	*jd. auf die Liste der Geächteten setzen*
tradere (dare) aliquem in custodiam; ducere (deducere) aliquem in vincula	*jd. ins Gefängnis werfen, einen einsperren*
sub corona vendere aliquem	*jd. in die Sklaverei verkaufen*
se abicere in servitium	*sich zum Sklaven erniedrigen*
in dicione ac potestate alicuius esse	*in jds. Gewalt sein*
multum sibi arrogare, multum auctoritatis sibi suscipere	*sich große Gewalt anmaßen*
vim inferre (adhibere) alicui, manus adhibere alicui	*einem Gewalt antun*
ex aperto vim facere	*offene Gewalt anwenden*
vi et armis	*mit Waffengewalt*
vim vi depellere	*Gewalt mit Gewalt vertreiben*
vim inlatam vi defendere, defensio contra vim	*sich in Notwehr befinden, Notwehr*

sub populi alicuius imperium dicionemque cadere	*unter die Herrschaft eines Volkes geraten*
iugum servile excutere	*das Joch der Knechtschaft abschütteln*
animos sollicitare ad defectionem	*die Leute zum Abfall verleiten*
animo vincula inicere	*den Geist in Fesseln schlagen, die Gedankenfreiheit unterdrücken*
libertatem concedere alicui	*jd. die Freiheit schenken*
avide ruere ad libertatem	*gierig nach Freiheit drängen*
vindicare se ex servitute in libertatem	*sich von der Knechtschaft befreien*
libertatem ex diuturna servitute dispicere	*nach langer Knechtschaft einen Schimmer von Freiheit erblicken*

6. Gesetze

libellos in celeberrimis locis proponere	*Bekanntmachungen (Plakate) an belebten Plätzen anschlagen*
suffragium ferre de aliqua re, sententiam dicere	*über etwas abstimmen, seine Stimme abgeben*
sententiam dicere in aliquem	*sich gegen jd. aussprechen*
lex est de aliqua re	*ein Gesetz hat ... zum Inhalt*
exceptio incurrit in aliquem	*jd. bildet eine Ausnahme*
lex severissime scripta	*ein Gesetz, dessen Bestimmungen sehr streng lauten*
in legem iurare	*ein Gesetz beschwören*
lege uti	*ein Gesetz geltend machen, gesetzlich verfahren*
legem evertere (convertere, rescindere)	*ein Gesetz umstoßen*
legem sibi dicere alicuius rei, eam legem sibi statuere, ut ...	*sich etwas zum Gesetz machen*
lege teneri	*gesetzlich gebunden sein*
lege permitti, per legem (leges) licere	*gesetzlich erlaubt sein*
lege sanctum (cautum) est, ut ...	*es ist gesetzlich bestimmt, daß ...*
contra legem est aliquid	*etwas ist ungesetzlich, gesetzwidrig*
contra legem facere	*ungesetzlich handeln*
infringere vim contra leges resistentium	*ungesetzlichen Widerstand brechen*
acta alicuius dissolvere (rescindere)	*jds. Verfügungen für ungültig erklären*

7. Recht und Rechtspflege

ius integrum	ein ungeschmälertes Recht
suo iure facere aliquid	vollkommen berechtigt sein zu etwas
summo iure agere cum aliquo	das Recht in seiner ganzen Strenge (rigoros) gegen jd. in Anwendung bringen
aliquid recte ac iure factum esse defendere	die volle Rechtmäßigkeit einer Sache behaupten
ius suum persequi	sein Recht geltend machen
armis ius suum exsequi	sein Recht mit den Waffen in der Hand geltend machen
vitae necisque potestatem habere in aliquem	über jds. Leben und Tod bestimmen können
de iure suo decedere	sein Recht abtreten, auf sein Recht verzichten
summa cum aequitate	ohne alle Rechtsverletzung
salvo iure veteris amicitiae nostrae	unbeschadet unserer alten Freundschaft
indicta causa	ohne den Schutz des gesetzlichen Rechtsverfahrens, ohne Prozeß
in forensibus rebus civilibusque versari	ins Privatrechtliche gehören
ratio iudiciorum	die Prozeßordnung
iudicia administrare	die Rechtspflege innehaben
conventus agere	Gerichtstage (in der Provinz) halten
usus forensis	die gerichtliche Praxis
iudicum sententiis tradere aliquid	etwas der richterlichen Entscheidung anheimstellen
quaestionem de aliqua re ferre (decernere)	eine gerichtliche Untersuchung über etwas beantragen (beschließen)
quaestionem constituere	ein Gericht einsetzen
res, quae venit in iudicium	der Gegenstand der gerichtlichen Untersuchung
quaestionem habere	eine Untersuchung anstellen
causa incognita	ohne jede Untersuchung
tormentis quaerere de aliquo	jd. der Folter unterwerfen
in iudicium venire	vor Gericht erscheinen
quaestio rei capitalis	ein Verfahren, bei dem es um den Kopf geht
quaestioni praeesse	Gerichtsvorsitzender sein
in tabulas (in codicillos) referre aliquid	etwas zu Protokoll nehmen

tabellas proferre et recitare	*Protokolle vorlegen und vorlesen*
nondum est dies	*der Termin ist noch nicht da*
diem prorogare (proferre)	*einen Termin verlängern*
testamentum facere (componere)	*sein Testament machen*
resignare testamentum	*ein Testament eröffnen*
spondere pro aliquo, fidem suam interponere pro aliquo	*für jd. bürgen, sich für einen verbürgen*
vadem dare	*einen Bürgen stellen*
obsidibus inter se cavere	*sich gegenseitig durch Geiseln Bürgschaft leisten*
salvum praestare aliquem	*die Sicherheit jds. gewährleisten*
pignori dare (ponere) aliquid	*etwas zum Pfande setzen (geben)*
fidem suam obligare	*sein Wort verpfänden*
iureiurando ac fide sancire aliquid	*einen feierlichen Eid auf etwas leisten, durch einen Eid etwas erhärten*
iureiurando adigere aliquem	*jd. einen Eid schwören lassen*
fidem et iusiurandum inter se dare	*sich gegenseitig ein eidliches Versprechen geben*
voce praeire alicui aliquid	*jd. etwas vorsprechen*
testis locupletissimus	*ein wichtiger Zeuge*
testem prodire, testimonium dicere	*als Zeuge auftreten*
testimonium dicere in aliquem	*als Zeuge gegen jd. auftreten*
testibus teneri (convictum esse)	*durch Zeugenaussagen überführt sein*
testem adhibere (producere), testem facere aliquem	*einen Zeugen vorführen (auftreten lassen), jd. zum Zeugen nehmen*
testes dare (proferre)	*Zeugen stellen*
testimonium ac iusiurandum	*eine beeidigte Aussage*
partes accusatoris obtinere	*als Kläger auftreten*
crimen	*der Gegenstand der Anklage, die zur Last gelegte Tat, Beschuldigung*
accusatio crimen desiderat	*eine Anklage setzt ein Verbrechen voraus*
in reos referre aliquem	*einen auf die Liste der Angeklagten setzen*
reum facere aliquem alicuius rei	*jd. wegen einer Sache anklagen*
nomen alicuius de aliqua re deferre (apud praetorem, apud iudices)	*einen wegen einer Sache gerichtlich belangen*
in iudicium adducere aliquem	*jd. vor Gericht stellen*
rapere (trahere) aliquem in iudicium	*jd. vor Gericht schleppen*

rem aliquam ad iudices deferre, actione uti	*eine Klage anhängig machen*
causam suscipere (recipere), ad causam aggredi (accedere)	*einen Prozeß übernehmen*
litem intendere alicui	*einen Prozeß gegen jd. anstrengen*
actionem perduellionis intendere alicui	*einen Hochverratsprozeß gegen jd. anstrengen*
causam agere, causam dicere	*einen Prozeß führen*
causam amittere, causa cadere	*einen Prozeß verlieren*
causam obtinere, causa vincere	*einen Prozeß gewinnen*
adhuc sub iudice lis est, causa adhuc in disceptatione versatur	*der Prozeß schwebt noch, ist noch nicht entschieden*
litem (alicui s. alicuius) aestimare	*den Gegenstand eines Prozesses (das Streitobjekt) abschätzen*
res ad pactionem venit	*es kommt zu einem Vergleich*
decidere cum aliquo de aliqua re	*einen Vergleich mit jd. schließen, sich mit einem vergleichen*
indicta causa	*ohne Verteidigung*
defensionem quaerere ex aliqua re	*seine Verteidigung in etwas suchen*
ad causam alicuius accedere	*die Verteidigung jds. übernehmen*
defendere (iudicio) aliquem, patronum esse alicuius; causae alicuius adesse	*jd. (vor Gericht) verteidigen*
eripere aliquem, ne causam dicat	*jd. vor einer Anklage retten*
in patronorum numerum venire	*in die Advokatenliste aufgenommen werden*
pro certo ponere aliquid	*etwas als erwiesen annehmen*
artificio aliquo pervertere aliquem	*jd. durch einen Kunstgriff zu Fall bringen*
sententiam ferre (dicere, pronuntiare)	*ein Urteil fällen*
falsum iudicare	*ein Fehlurteil fällen*
inter sicarios damnari	*als Meuchelmörder verurteilt werden*
supplicium constituere in aliquem	*das Todesurteil über jd. aussprechen*
supplicium sumere de aliquo	*das Todesurteil an jd. vollstrecken*
(pro)ducere aliquem ad supplicium	*jd. zur Richtstätte (zum Block) führen*
iudicio liberari (absolvi)	*freigesprochen werden*

KRIEG UND FRIEDEN · HEER UND FLOTTE

1. Bildung des Heeres

dilectum habere (agere), milites conscribere	*ein Heer anwerben, eine Aushebung (Musterung) halten, Soldaten ausheben*
nomen dare	*sich anwerben lassen, sich zum Kriegsdienst melden*
militari disciplina instituere aliquem	*jd. als Soldat ausbilden*
exercitum conficere	*ein ganzes Heer aufbringen*
omnes, qui per aetatem arma ferre possunt (omnem aetatem militarem) excire	*alle Waffenfähigen (die ganze waffenfähige Mannschaft) aufbieten*
exercitum cogere, exercitum in unum locum conducere	*ein Heer zusammenziehen (sammeln)*
exercitus omnium rerum patientia duratus	*ein in jeder Beziehung abgehärtetes Heer*
stipendia mereri (facere), in castris versari; militare	*Soldat sein, dienen; Kriegsdienste leisten*
stipendium numerare (persolvere)	*den Sold zahlen*
mercennarium esse alicuius	*in jds. Sold stehen*
in commeatu esse	*auf Urlaub sein*
commeatum dare alicui	*einem Urlaub geben*
missionem dare (dimittere)	*Soldaten den Abschied geben, entlassen*

2. Bewaffnung und Verpflegung

arma rapere, arma sumere	*zu den Waffen greifen, unter die Waffen treten*
cum telo esse	*eine Waffe tragen, bei sich haben*
omne armaturae genus	*Truppen aller Waffengattungen*
induere galeam	*den Helm aufsetzen*
cingere (accingere) se gladio	*das Schwert umgürten*
gladium stringere, gladium vagina educere	*das Schwert ziehen*

recondere gladium in vagina (in vaginam)	*das Schwert einstecken*
incumbere in gladium	*sich in sein Schwert stürzen*
in armis esse, armatum esse	*unter den Waffen stehen*
armis exerceri	*sich in den Waffen üben*
excidunt gladii manibus, cadunt arma de manibus	*die Waffen entsinken den Händen*
ab armis discedere, ab armis recedere	*die Waffen niederlegen*
rei frumentariae prospicere, rem frumentariam providere	*für die Verpflegung sorgen*
imperare frumentum (milites, equos)	*die Stellung von Korn (Stellung von Rekruten, Pferden) befehlen*
frumenti copiam facere	*das nötige Korn liefern*
summa rei frumentariae difficultate laborare (affici)	*mit großen Nachschubschwierigkeiten zu kämpfen haben*
expedita re frumentaria uti	*keine Versorgungsschwierigkeiten haben*
frumentum providere	*für Proviant sorgen*
frumento commeatuque intercludere (prohibere) aliquem	*jd. den Nachschub abschneiden*

3. Oberbefehl

summa imperii	*der Oberbefehl*
sub auspiciis alicuius stipendia mereri	*unter jds. Oberbefehl dienen*
edictum promulgare	*einen Armeebefehl erlassen*
tesseram dare	*die Parole (das Kennwort) ausgeben*
vexillum proponere	*die Fahne aufstecken*
sacramentum dicere alicui, sacramento adigere aliquem; sacramento obligare aliquem	*jd. den Fahneneid schwören lassen*
ars, laus imperatoria	*Feldherrnkunst, Feldherrnruhm*
summus ac perfectus imperator	*das Ideal eines Feldherrn*
bello praeficere (praeponere) aliquem	*jd. das Kommando in einem Feldzug übertragen*
exercitum accipere	*das Heer übernehmen (vom Amtsnachfolger)*
usus in re militari, usus militaris; usus militiae	*militärische Erfahrung*

usu bellorum gerendorum exercitatum esse	*Kriegserfahrung besitzen*
rei militaris rudem esse	*vom Kriegführen nichts verstehen*
nullum usum rei militaris percepisse	*keine Kriegserfahrung besitzen*
lustrare (recensere) exercitum	*Heer mustern*
disciplinam militarem ad priscos mores redigere	*die alte, strenge Disziplin wieder einführen*
disciplinam militarem dissolvere	*die Manneszucht auflösen (zersetzen)*

4. Anlaß zum Krieg. Vorbereitungen

foris (externa) bella, domi (domesticae) seditiones	*auswärtige Kriege, innere Zerwürfnisse*
deliberare de bello inferendo	*über einen Krieg beraten*
bellum moliri	*einen Krieg vorbereiten*
nulla suspicio belli est	*niemand denkt an Krieg*
bellicum canere	*in die Kriegstrompete stoßen, die Kriegstrompete blasen lassen*
necessitas belli faciebat, ne (ut ne) ...	*die drohende Kriegsgefahr ließ es nicht dazu kommen, daß ...*
res repetere	*Genugtuung (Ersatz) fordern*
dare alicui causam belli inferendi	*jd. einen gerechten Vorwand zum Kriege geben*
rem ad arma deducere	*es auf eine Entscheidung durch die Waffen ankommen lassen*
rem ad arma deduci studere	*eine Entscheidung durch die Waffen herbeiwünschen*
totius belli instrumentum et apparatus, belli usus	*der Kriegsbedarf*
usum supplere	*seinen Bedarf ergänzen*
copias (subsidia) belli confirmare	*die Rüstung verstärken*
rationem belli describere	*einen Kriepsplan entwerfen*
bellum internecivum (inexpiabile) suscipere cum aliquo	*sich auf einen Kampf auf Leben und Tod mit jd. einlassen*
utrisque armis vacare, armis abstinere	*neutral bleiben*

5. Anfang, Führung und Ende eines Krieges

inter signa	*im Felde*
bellum committere	*einen Krieg beginnen*

bellum ab oppugnanda urbe ordiri	einen Krieg mit dem Angriff auf eine Stadt beginnen
ad bellum se movere	ins Feld ziehen
signa inferre, hostilia coeptare; belli initium facere	die Feindseligkeiten eröffnen, den Krieg beginnen
in societatem belli venire	an einem Krieg teilnehmen, sich beteiligen
bello se interponere	sich in einen Krieg einmischen
bellum coniunctis (collatis) viribus gerere	einen Krieg mit vereinten Kräften führen
bellum inferre	einen Angriffskrieg führen
hostem ultro lacessere	die Offensive ergreifen
rationem gerendi belli mutare	seine Taktik (Strategie) ändern
urendo populandoque bellum gerere	einen Krieg mit Sengen und Brennen führen
tota terra bello ardet (flagrat)	im ganzen Lande lodert die Kriegsflamme empor
magnis hostium copiis oppressum esse	von feindlichen Truppenmassen überschwemmt sein
ad omnes hostium motus accurrere	gegen alle Bewegungen (Operationen) des Feindes Vorkehrungen treffen
locum belli gerendi mutare	den Kriegsschauplatz verlegen
bellum in aliam terram transferre	den Kriegsschauplatz in ein anderes Land verlegen
a bello discedere	den Kriegsschauplatz verlassen
bellum consistit	der Krieg kommt zum Stillstand
totius belli impetus consistit ad moenia oppidi alicuius	der ganze Krieg kommt vor den Toren einer Stadt zum Stillstand
bellum persequi (renovare, instaurare)	den Krieg fortsetzen
extrema belli persequi	den Krieg bis zum äußersten fortsetzen
bellum conficere	einen Krieg beenden
bello misero perfungi	einen unglücklichen Krieg überstehen

6. Das Heer auf dem Marsch

loci natura, locorum situs; loca; natura regionis	das Gelände, Terrain
loca superiora (editiora)	ein höher gelegenes Gelände
pons pertinet ad ...	eine Brücke führt nach ...

pontem rescindere (interrumpere)	die Brücke abbrechen
locum impedire	einen Ort unzugänglich machen
viam tangere	am Wege liegen
vasa (sarcinas) colligere	packen, einpacken, zusammenpacken
signa movere, signa tollere; signa ferre; proficisci	abmarschieren, aufbrechen
exercitum deducere	abziehen
silenti agmine proficisci (signa efferre)	leise abmarschieren
longissimo agmine proficisci	in langer Marschkolonne ausrücken
iter aliquo conferre (convertere, flectere, dirigere, intendere)	seinen Marsch irgendwohin richten
agmine ad omnes casus composito ire	für alle Fälle gefechtsbereit marschieren
quam maximis itineribus contendere aliquo	in Eilmärschen irgendwohin marschieren
vado (pedibus) flumen transire	einen Fluß durch eine Furt überqueren
iter a flumine avertere	von einem Fluß abbiegen
ordines servare	in Marschordnung bleiben
agmen claudere (subsequi)	die Nachhut bilden
signa convertere	eine Schwenkung machen
consistere, gradum sistere; signa sustinere	haltmachen, stehen bleiben
signa consistere iubere	haltmachen lassen
vires in unum conferre	seine Streitkräfte zusammenziehen
in aperto castra communire	ein verschanztes Lager auf freiem Felde aufschlagen
locum non tenere, ab loco discedere; locum relinquere	seinen Posten verlassen
praesidia disponere (deducere)	Posten ausstellen (einziehen)
in statione (-ibus) esse, vigiliam (-as) agere (bei Nacht); excubias agere (bei Tag und Nacht)	Wache halten, Posten stehen
in statione esse, excubare	die Wache haben

7. Die Schlacht

cornua equitatu cingere	die Flügel mit Reiterei decken
equitatui praesidia levis armaturae interponere	zwischen die Reiterei Abteilungen von Leichtbewaffneten einschieben

hostem a cornu (a latere) circumvenire, aciem amplecti	den Feind einkreisen (einschließen)
ante (suorum) aciem	vor der Front
signa convertere, totum agmen circumagere	kehrtmachen, umwenden
corpora corporibus applicare	Schulter an Schulter stehen
orbem facere, in orbem consistere	einen Igel bilden
terga (quae post aliquem sunt) tuta ab hostibus reddere	sich den Rücken decken
firmare subsidia	starke Reserven aufstellen
instructo agmine e castris egredi (educi)	gefechtsbereit ausrücken (von der Truppe)
citato (pleno) gradu in hostem ducere	im Sturmschritt vorgehen (vom Feldh.)
primam aciem (frontem) obtinere	die erste Linie bilden
aciem instruere (dirigere)	die Truppen in Schlachtordnung aufmarschieren lassen
infestis signis constitisse	dem Feinde gefechtsbereit gegenüberstehen
e latebris (ex insidiis) erumpere	aus einer verdeckten Aufstellung hervorbrechen
proelio interesse	eine Schlacht mitmachen
nullius proelii expertem fuisse	alle Schlachten mitgemacht haben
pugnandi (pugnae) copiam facere	eine Schlacht anbieten
pugnam detrectare	sich auf keine Schlacht einlassen
suos a proelio (castris) continere	sich auf kein Gefecht einlassen
proelio secundo uti	ein glückliches Gefecht liefern
hostes ad iniquam pugnandi condicionem deducere	den Feind unter ungünstigen Bedingungen zu einer Schlacht zwingen
acie vincere, superiorem discedere; victoriam reportare ab aliquo; victoriam referre ex aliquo; victoriam consequi (nancisci)	eine Schlacht gewinnen, siegen, Sieger sein, die Oberhand behalten, den Sieg erringen
victoria parta	eine gewonnene Schlacht
acie vinci, inferiorem discedere	eine Schlacht verlieren
impetum facere, signa inferre	angreifen
impetum convertere in aliquem	den Angriff auf jd. richten
impetum confertis ordinibus excipere	den Angriff in geschlossenen Gliedern erwarten (auffangen)
impetum repellere (retundere)	den Angriff abschlagen
arcere magis quam inferre pugnam	mehr in der Defensive bleiben

proelium iterare (redintegrare)	den Kampf erneuern
in latera incurrere	in der Flanke angreifen
proelii committendi signum dare, signum tuba dare	den Befehl zum Angriff geben, zum Angriff blasen lassen
hostem sustinere	es mit dem Feinde aufnehmen
signa acriter inferre	mutig auf den Feind eindringen
hostes caedere	auf den Feind einhauen, ihn niedermetzeln
hostem locorum angustiis claudere	den Feind in die Enge treiben
impetu hostium premi	vom Feinde bedrängt werden
tela in hostem conicere (adicere)	den Feind beschießen
tela conicere (excutere, ingerere)	die Geschosse schleudern
ancipiti proelio premi (urgeri)	zwischen zwei Feuer geraten
non longius abesse, quam quo telum adici (conici) potest; interiorem ictibus telorum esse	in Schußweite sein, sich innerhalb der Schußlinie befinden
res ad manus venit	es kommt zum Handgemenge
manum (-us) conserere (conferre), arma (gradum, signa) conferre cum aliquo; gladiis rem gerere	handgemein werden
quotidianis proeliis contendere cum aliquo	sich tagtäglich mit jd. herumschlagen
partem pugnae capessere	sich am Kampfe beteiligen
identidem integros (alios super alios integros) fessis summittere	immer wieder neue Truppen ins Gefecht werfen
ardescit pugna	der Kampf wird heiß
atrox pugna accenditur (concitatur), atrocissimum certamen contrahitur	es entbrennt (entspinnt sich, erhebt sich) ein mörderischer Kampf
ferarum ritu pugnare	wie die Löwen kämpfen
discrimen ultimum proelii adest	die Schlacht steht vor der Entscheidung
nondum discrimen fortuna fecerat, dubia victoria (aequo Marte) pugnabatur	es war noch keine entscheidende Wendung eingetreten
ad discrimen summa rerum adducta erat	die Entscheidung war da
de summa rerum decertare	eine Entscheidungsschlacht liefern

8. Sieg, Niederlage und Verfolgung

magna (atrox) caedes facta est	*es wurde viel Blut vergossen*
multo sanguine ac vulneribus stare	*viel Blut und Wunden (Verluste) kosten*
magno detrimento (multorum morte) constare	*große Opfer kosten*
egregia morte defungi, fortiter pugnantem cadere	*den Heldentod sterben*
nonnullos ex suis amittere	*einige Verluste erleiden*
cladem inferre alicui	*jd. besiegen; ihm Verluste beibringen*
suos incolumes reducere	*sich ohne Verluste zurückziehen*
sine ullo vulnere victoria potiri	*ohne Blutvergießen siegen*
ferro viam sibi patefacere	*sich durchschlagen*
gradu demoveri, loco depelli	*seinen Platz, seine Stellung verlassen müssen*
statu non moveri, nihil commoveri	*nicht zum Weichen zu bringen sein*
inferiorem esse (discedere; Gegensatz: superiorem discedere)	*den kürzeren ziehen, unterlegen sein*
vapulare	*Schläge kriegen*
continuatis ictibus	*Schlag auf Schlag*
occidione occidi, ad internecionem deleri	*bis auf den letzten Mann aufgerieben werden*
signum receptui dare	*Befehl zum Rückzug geben*
gradum sensim referre, pedem referre	*sich Schritt für Schritt zurückziehen*
fundi fugarique, in fugam verti	*völlig geschlagen werden*
fugam parare (comparare)	*sich zur Flucht bereit machen*
fugam quaerere, consilium fugae capere	*an Flucht denken, die Flucht planen*
in fugam se convertere (conicere)	*fliehen*
fugam capessere, terga vertere	*die Flucht ergreifen*
fuga salutem petere, fugae se mandare	*sich durch Flucht retten wollen*
fuga salutem adipisci	*sich durch die Flucht retten*
in fugam conicere (dare)	*in die Flucht jagen*
in praecipitem fugam effundi (se effundere)	*Hals über Kopf auseinanderstieben*
fuga effusa	*wilde Flucht*
fuga desistere	*zu fliehen aufhören*
fugientes ex fuga excipere	*die Fliehenden in seine Reihen aufnehmen*

equitatu hostes fugientes consectari (persequi)	den fliehenden Feind mit der Reiterei verfolgen
hosti e vestigio instare	unmittelbar die Verfolgung aufnehmen
insequendo absistere	die Verfolgung einstellen
non abuti militum sanguine	sinnloses Blutvergießen vermeiden
celeritate periculum effugere	sich durch seine Schnelligkeit der Verfolgung entziehen
victoriam conclamare	Sieg! Sieg! schreien
victoriam alicui extorquere	jd. den Sieg entreißen

9. Belagerung und Verteidigung

oppidum et natura et manu (opere) munitum	eine durch Natur und Kunst befestigte Stadt
locus natura egregie munitus	eine natürliche Festung
pedibus nullum aditum habere	von der Landseite nicht zugänglich sein
praefectus praesidii	der Kommandant einer Festung
pro moenibus (pro vallo) pugnare	sich von den Festungswällen herab verteidigen
moenibus excludere aliquem	vor jd. das Tor schließen
oppidum obsidione liberare (eximere)	einer Stadt Entsatz bringen
obsidionem relinquere, oppugnationem dimittere	die Belagerung aufheben (aufgeben)
eruptionem facere	einen Ausfall machen
urbem fame domare (urgere)	eine Stadt aushungern
partem muri ruinis sternere (prosternere)	eine Bresche in die Mauer schlagen
portas refringere	die Tore aufsprengen
pavor captae urbis; pavor, qualis captarum esse urbium solet	der Schrecken in einer eroberten Stadt
ruina oppressum esse	unter den Trümmern begraben sein
discedendi potestatem facere alicui	jd. freien Abzug gewähren
caedem promiscuam militum atque oppidanorum facere	Soldaten und Zivilisten ohne Unterschied niedermachen
oppidum funditus evertere, oppidum a fundamentis disicere	eine Stadt von Grund aus zerstören

10. Seewesen und Seekrieg

rem navalem administrare	für das See- und Flottenwesen zuständig sein
oppidum maritimum	eine Seestadt
magister navis, praefectus navis; trierarchus	ein Kapitän
portus celeberrimus	ein Hafen mit hoher Frequenz
aedificandae navi praeesse	den Bau eines Schiffes leiten
navem ornare (instruere)	ein Schiff ausrüsten
navis constrata (Gegensatz: aperta)	ein Schiff mit Verdeck
naves semiplenae	Schiffe mit halber Bemannung
naves quassae (conquassatae)	lecke, baufällige Schiffe
mare tenere	das Meer beherrschen
navem a terra moliri (solvere)	vom Lande abstoßen
ancoras tollere, navem (-es) solvere; solvere (ohne Objekt)	die Anker lichten, abfahren
vela in altum dare	in See stechen, unter Segel gehen
e portu solvere	aus dem Hafen auslaufen, den Hafen verlassen
in ancoris consistere, ad ancoras consistere; navem (-es) constituere	vor Anker gehen, das Schiff vor Anker legen
naves ad ancoras deligatae sunt	die Schiffe liegen vor Anker
cursum tenere aliquo; eundem cursum tenere	irgendwohin steuern; denselben Kurs beibehalten, steuern
aegre cursum corrigere	mit Mühe wieder den rechten Kurs gewinnen
cursum conficere	eine Fahrtstrecke zurücklegen
navem remis concitare, remis contendere	stark rudern
sustinere remos, inhibere remos	das Rudern einstellen
gubernacula tenere, ad gubernacula sedere	das Ruder führen, Steuermann sein, am Steuer stehen
vela pandere, vela ventis dare	unter Segel gehen
ad id (eo), unde aliquis flatus ostenditur, vela dare	das Schiff vor den Wind legen
plenissimis ventis	mit vollen Segeln
oram legere, litus praetervehi	unter der Küste segeln
vela contrahere	die Segel einziehen
terram attingere	das Land erreichen

in portum (ex alto) invehi	*in den Hafen einlaufen*
navem salvam in portu conlocare	*ein Schiff wohlbehalten in den Hafen bringen*
navis (aliquis) appellitur	*ein Schiff (jd.) landet*
classem appellere ad ...	*mit einer Flotte in ... landen*
milites in terram exponere	*Soldaten ans Land setzen, ausschiffen*
alium accessum petere	*einen anderen Landungsplatz suchen*
in litus eici	*stranden*
ad insulam deferri (deici)	*auf eine Insel verschlagen werden*
classem (navem) expedire	*eine Flotte (ein Schiff) zum Gefecht klar machen*
navem deprimere	*ein Schiff in den Grund bohren*
in navem transcendere	*ein Schiff entern*

11. Unterwerfung und Friede

conloquendi secum potestatem facere alicui, colloquium dare alicui	*jd. eine Unterredung bewilligen*
locum et tempus colloquio petere	*um die Bestimmung von Termin und Ort zu einer Unterredung bitten*
ad colloquium cum hoste congredi	*sich zu einer Unterredung mit dem Feinde einfinden*
infecta pace (re) legatos dimittere	*die Unterhandlungen abbrechen*
ingentes pecunias imperare	*schwere Kontributionen auferlegen*
indutias in duos menses (duorum mensium) dare alicui	*jd. einen zweimonatigen Waffenstillstand bewilligen*
indutias rumpere, indutiarum fidem violare	*einen Waffenstillstand brechen*
rem componere, cum bona gratia componere aliquid	*eine Sache gütlich beilegen*
se dedere, in deditionem venire	*sich ergeben*
in voluntariam deditionem venire	*sich freiwillig ergeben*
ab armis discedere (recedere); (ab armis non recedere, arma retinere)	*die Waffen niederlegen; (Gegensatz: unter Waffen bleiben)*
in dicionem venire (concedere)	*sich unterwerfen*
in deditionem accipere aliquem	*die Übergabe (die Unterwerfung) jds. annehmen*
omnia (omnem spem salutis) ad clementiam victoris conferre	*alles der Gnade des Siegers anheimstellen*

pacem conciliare	*Frieden stiften*
pacem facere (conficere), bellum componere	*Frieden schließen, den Krieg beenden*
magnam pacis desperationem affert aliquid	*etwas läßt am Zustandekommen des Friedens erheblich zweifeln*
pacis condiciones ferre	*Friedensvorschläge machen*
pacis condiciones scribere	*Friedensbedingungen festsetzen*
frustra pacis condiciones temptare	*vergebliche Friedensunterhandlungen führen*
dare (dicere) alicui leges pacis	*jd. die Friedensbedingungen vorschreiben, den Frieden diktieren*
pax convenit in eam condicionem (ea condicione), ut ...	*der Friede kommt unter der Bedingung zustande, daß ...*
pacem ratam esse iubere (vetare)	*einen Friedensschluß bestätigen (nicht bestätigen)*
pacem servare cum aliquo	*Frieden mit jd. halten*
pacem cum summa fide colere	*einen Frieden mit der größten Gewissenhaftigkeit halten*
bona pace florere	*glücklichen Frieden genießen*
summa in pace	*im tiefsten Frieden*
fidem pacis rumpere	*den Frieden brechen*
impensam in bellum factam praestare	*die Kriegskosten bezahlen*
cedere (decedere) terra aliqua	*ein Land abtreten*
deducere praesidia ex civitate aliqua	*die Besatzungstruppen aus einem Land zurückziehen*
triumphum agere de ...	*einen Triumph feiern, triumphieren über ...*
ornamenta per triumphum vehere	*Kunstwerke im Triumph aufführen*

Register

Abbiegen 125
Abbrechen 73, 125, 113
Abbrennen 13
Abbringen 39, 43, 50
Abbruch 81
Abdanken 112
Aberglauben 10
Abfall 117
Abfallen 11
Abgaben 113
Abgeben 13
Abgeschieden 10
Abgesehen 60
Abgestumpft 88
Abhängen 29, 40
Abhängig 72
Abhärten 121
Abhilfe 84
Abkommen 31, 37
Ablauf 15
Ablegen 43
Ableiten 17
Abmarschieren 125
Abnehmen 41, 93
Abnötigen 74
Abschätzen 120
Abschied 112, 121
Abschlagen 22, 126
Abschneiden 79, 122
Abschweifen 60
Absehen 34, 60
Absetzen 112
Absicht 56, 71
Absichtlich 38, 50
Absolut 67
Absprechen 71
Abstatten 82
Abstimmen 117
Abstrakt 45, 65
Abstumpfen 24, 46
Abtreten 106, 132
Abwälzen 99

Abwarten 32
Abweichen 98, 105
Abwenden 24
Abziehen 125
Abzug 129
Achten 70
Achten auf 52
Achtgeben 47
Achtung 76, 82
Adel 110
Adelig 110
Ader 20
Adern 19
Advokatenliste 120
Ächten 116
Ähnlichkeit 97
Älter 17
Ändern 51
Ärgernis 77
Ärmlich 18
Ästhetisch 47
Äußerlich 54
Äußerste, das 34
Ahnung 46
Aktivität 114
Allbekannt 55
Allgemein 23, 45, 61, 62, 70, 104
Allmählich 11, 14
Alter 17
Alternative 31
Altersschwäche 17
Amt 111, 112
Analog 60
Anbiedern 91
Anbieten 84
Andenken 64, 79, 80
Aneignen 55, 106
Anerkennen 76, 111
Anerkennenswert 34
Anfänger 54
Anfang 29, 95

Anfangen 29
Anführen 69
Angeboren 17, 88
Angegriffen 88
Angehen 42
Angreifen 126, 127
Angrenzen 12
Angriff 124, 126, 127
Angriffskrieg 124
Angst 95, 96
Anhänger 73
Anhänglichkeit 73
Anhalten 26
Anheimstellen 18
Anheischig 38
Anhören 26
Anker 130
Anklagen 15, 119
Ankommen 33
Ankommen, auf 70
Anlaß 87
Anlegen 54, 107, 108
Anleihe 107
Anmaßen 95
Anmaßend 95
Anmaßung 95
Annehmbar 25
Annehmen, sich 84
Anpassen 45, 57
Anprangern 77
Anrechnen 77
Anregung 57
Anschaulich 61, 62
Anschauung 45, 62
Anschauungsweise 45
Anschlagen 117
Anschließen 91, 114
Anschließen, sich 51, 55, 72, 84
Anschwärzen 74
Ansehen 79, 81, 82, 83, 110
Ansetzen 112

Ansicht 50, 114
Anspielen 61
Anspornen 89
Anspruch 71
Anstand 96
Anstecken 50
Anstiften 39
Anstößig 77
Anstoß 77
Anstrengen 27, 120
Antreten 106
Antun 116
Anvertrauen 105
Anwalt 100
Anweisung 68
Anwenden 68
Anwendung 118
Argwohn 86
Arme 20
Armeebefehl 122
Armut 106
Art 10, 55, 66
Astronom 64
Asyl 86
Atem 26
Aufbieten 42
Aufbrechen 28
Aufbürden 74
Aufdrängen 48, 61
Aufeinanderfolge 10
Auferlegen 131
Auferwecken 19
Auffallend 70
Auffassen 56
Auffassungsweise 45
Aufgabe 40
Aufgang 16
Aufgeben 19, 43, 50, 92, 94, 97, 129
Aufgehen 13
Aufgewühlt 32
Aufgreifen 101
Aufheben 21, 129
Aufheitern 89
Aufhören 25
Aufkommen 28
Auflauern 75
Auflösung 37
Aufmarschieren 126

Aufmerksamkeit 47
Aufnehmen 20, 42, 61, 70
Aufreiben 128
Aufreiben, sich 42
Aufreißen 28
Aufrichten 75
Aufsagen 91
Aufschlagen 24
Aufsetzen 56
Aufstellen 59
Auftrag 41
Auftreten 74, 112, 119
Aufwachsen 55
Aufwartung 102
Aufwerfen, sich 116
Aufwiegen 69
Aufzeichnen 56
Augapfel 23
Auge 23
Auge, im 38
Augen, vor den 46
Augenblick 14, 32, 44, 97
Augenblicklich 14
Augenscheinlich 24
Ausarten 97
Ausbedingen 106
Ausbilden 53
Ausbildung 121
Ausbreiten, sich 11
Ausdehnen 12
Ausdruck 59, 76, 88
Ausdrucksweise 58
Ausdrücken 56
Ausdrücklich 103
Auseinandersetzen 72
Ausfall 129
Ausfallen 11
Ausführen 60
Ausführlich 103
Ausführung 38
Ausfüllen 55
Ausfuhrartikel 108
Ausgeben, sich 98
Ausgezeichnet 64
Aushebung 121
Ausholen 62
Aushungern 129
Auslachen 82
Ausländisch 105

Auslassen 98
Auslaufen 130
Auslegen 70
Auslöschen 81
Ausnahme 170
Ausrichten 36
Ausrotten 36
Ausrüsten 130
Ausruhen 44
Aussagen 97, 119
Aussaugen 20
Ausschiffen 131
Ausschlag 29
Ausschütten 85
Außenseite 70
Außerordentlich 45, 84
Aussetzen 35
Aussicht 109
Aussöhnen 76
Aussprechen 71, 103, 117
Aussterben 19
Austoben 90
Ausüben 40
Auswärtig 123
Auswandern 23
Ausweg 35
Ausweichen 35
Ausweinen, sich 25
Auswendig 55, 56
Auszahlen 108
Auszeichnung 79

Bahnen 39
Bankerott 35, 109
Bar 107
Bargeld 107
Bau 130
Bauen 85
Beabsichtigen 38
Beanspruchen 71
Beantworten 104
Bedacht 40, 113
Bedarf 123
Bedenken, religiöse 10
Bedenklich 40
Bedenkzeit 14
Bedeuten 41
Bedeutend 11

Bedeutung 29, 56, 66, 68
Bedingt sein 29
Bedingung 132
Bedrängen 127
Bedrängnis 35
Bedrohen 75
Bedürfnisse 26
Beeidigt 119
Beeinflussen 23, 74
Beenden 124
Befangen 71, 95
Befassen, sich 38, 54
Befestigen 30, 129
Befestigt 13
Beflecken 21, 98
Befördern 110
Befreien 117
Befreundet 73
Befriedigen 26, 93, 107
Befürchten 96
Begabt 45
Begeben, sich 12
Begehen 98
Begehren 89
Begeistern 89
Begeisterung 89
Beginn 43
Beginnen 29
Beglaubigt 63
Begleiten 65
Begnadigen 18, 75
Begraben 50
Begreifen 27, 48, 52
Begriff 65
Begründet 88
Begünstigen 72
Behandeln 56, 59, 60, 63, 65, 74
Beharren 39, 51
Beharrlich 39
Behaupten 97, 111, 118
Beherrschen 54
Beibehalten 105
Beifall 76
Beilegen 131
Beimessen 99
Beipflichten 51
Beiseiteschaffen 75
Beispiel 61, 84

Beispiele 63
Beispiellos 84
Beitragen zu 29
Bekanntmachung 117
Bekanntschaft 102
Beklagen 77
Bekleiden 111
Belästigen 74
Belangen 119
Belebt 94
Belegen 100
Beleidigen 26, 78
Beleidigung 82
Belieben 71
Beliebt 72, 111
Belohnen 82
Bemannung 130
Bemitleiden 92
Benehmen 95
Beobachten 96
Bequem 13
Beraten 83, 123
Beratschlagen 83
Berechtigt 118
Beredsamkeit 57, 58
Beredt 57
Bereich 48
Bereisen 113
Bergwerke 12
Berücksichtigung 69
Berühmt 57, 61, 78, 79
Berühren 60
Beruf 40
Berufen 61
Berufen, sich 63
Berufsarbeit 40
Berufswahl 40
Beruhen, auf 19, 49, 87
Beruhigen, sich 86
Besatzungstruppen 132
Beschäftigen 42, 47
Beschäftigen, sich 64
Bescheiden 18, 101
Bescheidenheit 95
Beschimpfen 78
Beschimpfungen 81
Beschirmen 9
Beschluß 71
Beschönigen 78

Beschränken 74
Beschränkt 66
Beschränktheit 46
Beschreibung 58
Beschuldigen 78
Beschuldigung 62, 119
Beschwerde 77
Beschweren 77
Beschwichtigen 90
Beschwören 117
Beseelt 89
Besiegen 128
Besingen 65
Besinnung 28
Besitz 54, 106
Besitztum 106
Besprochen 57
Besseren, eines 77
Bestätigen 51, 132
Bestand 115
Beste, das 94
Bestechen 62
Bestechung 98
Bestehen 35, 50
Besten, zum 9, 113
Bestimmen 118
Bestimmt 117
Bestimmungen 117
Bestrafen 99, 100
Besuch 102
Besuchen 102
Betäuben 26
Beteiligen 127
Beteiligen, sich 43
Betreiben 30
Betreten 112
Betrüben 93
Bettelarm 106
Bettler 106
Beurteilen 70, 71
Bevorzugen 72
Bevorzugung 72
Bewahren 49, 50
Bewegung 124
Beweinen 19
Beweis 60, 61
Beweisen 61
Bewilligen 131
Bewirken 102

Bewunderung 77
Bewußtsein 49
Bezähmen 90
Bezahlen 107
Bezaubern 72
Bezeugt 63
Beziehung 81
Bibliothek 54
Bild 46
Bilden 50, 58
Bildung 54
Binden 21
Binnenland 12
Bitte 82
Bitten 82
Bleich 96
Blenden 24
Blick 24
Blicken 45
Blind 24, 34, 90
Blitz 13
Block 22
Blüte 17
Blumenmeer 11
Blut 128
Blutvergießen 129
Borgen 107
Borniert 46
Brauchen 85
Brechen 22, 131, 132
Brennen 13
Brennend 93
Bresche 129
Brief 104, 105
Bringen 18, 24
Brücke 124, 125
Brust 28
Buch 56, 107
Buchen 107
Bücher 53
Bündnistreu 113
Bürgen 119
Bürgerrecht 110
Bürgschaft 119
Büßen 99

Charakter 75, 97, 105
Charakterisieren 97

Charakteristisch 97
Chronologie 63

Dach 102
Dämpfen 13, 89
Dagegen 57
Dahinsiechen 28
Dankbar 82
Dankbarkeit 82
Darbringen 10
Darstellung 58
Davonkommen 18
Decken 125, 126
Defensive 126
Definieren 65, 68
Demagoge 111
Demokrat 115
Demokratie 116
Demütig 95
Denken 47, 97
Denken an 123
Denkweise 45
Denkwürdig 80
Deutlich 25
Dialektik 58
Dialektisch 66
Dialog 56
Dichterisch 65
Dichtkunst 64
Dienen 121, 122
Dienst 84
Dienste 90, 112
Diktieren 132
Diplomat 113
Disputieren 66
Disziplin 123
Donnernd 23
Dozieren 55
Drängen 117
Dramatisch 65
Drang 90
Dringen, in 82
Dringend 103
Drohen 75
Drohend 123
Dürsten 20
Dunkel 51
Durchaus 38

Durchdringen 66, 83
Durchführen 41
Durchschlagen 128
Durchsetzen 15, 42, 76
Durst 26

Ebbe 11
Egoismus 84
Egoist 84
Ehre 52, 77, 79
Ehrenvoll 79
Ehrgeizig 79
Ehrlich 83
Eid 119
Eidlich 119
Eifer 57
Eifern 81
Eigenschaft 64
Eigensinn 97
Eigentum 106
Eilmarsch 125
Einatmen 14
Einbilden 33
Einbüßen 106
Eindringen 47
Eindringlich 58
Eindruck 26, 88, 97
Einfach 17
Einfallen 48
Einfalt 58
Einfangen 72
Einfinden, sich 131
Einfluß 29, 76, 110
Einführen 56
Eingang 76
Eingebildet 70
Eingehen 60
Einhalt gebieten 74
Einhauen 127
Einheimisch 105
Einjagen 96
Einkreisen 126
Einlassen, sich 38, 126
Einlaufen 104, 131
Einleitung 62
Einmischen 124
Einnahmequelle 108
Einnehmen 91

Einprägen 49
Einrichten 101
Einschalten, sich 85
Einschieben 125
Einschlafen 25
Einschlagen 69
Einschmeicheln 72
Einschreiten 99
Einsehen 48
Einseitigkeit 46
Einsetzen 113
Einsicht 25, 113
Einstehen 86
Einstellen 43
Einstimmig 70, 76
Eintracht 91
Einüben 65
Einwirken 27
Einzelheiten 60
Eisen 31
Element 10
Elementarunterricht 55
Elend 35
Empfänglich 70
Empfangen 102
Empfindung 88
Ende 12, 18, 36, 42
Engherzigkeit 88
Entbrennen 127
Entern 131
Entfernt 80, 81
Entfernung 46
Entgegengehen 19, 37
Entgegengesetzt 12
Entgehen 31
Entheben 112
Entkräften 78
Entledigen, sich 41
Entlehnen 103
Entmutigen 95
Entreißen 129
Entrüstung 23, 90
Entsagen 44, 105
Entsatz 129
Entscheiden 36, 127
Entscheidung 36, 118, 123, 127
Entscheidungsschlacht 127
Entschließen 39

Entschlüpfen 21, 75
Entschluß 32, 36, 39
Entschuldigung 78
Entschwinden 24, 50
Entsprechen 59, 70, 86
Entspringen 14
Entstehen 64
Entwickeln 114
Entwickeln, sich 29
Entwicklung 29
Entziehen 129
Entziehen, sich 24
Entzücken 26
Epiphanie 9
Episch 65
Erblicken 17
Erfahren 71
Erfahrung 71, 122
Erfolg 30, 33, 71
Erfreuen 93
Erfüllen 9, 40, 96, 97
Erfüllung 33
Ergeben 131
Ergehen 27
Erhaben 81
Erheben 33
Erheben, sich 89
Erheuchelt 72
Erholen 44
Erholung 43, 44
Erinnern 49
Erinnerung 50
Erkennbar 49
Erklären 10, 64
Erlassen 99
Erlaubt 117
Erledigen 42
Erleichtern 36
Erleiden 100, 109
Erliegen 41
Erlitten 90
Erlösen 19
Ermannen, sich 22, 39
Erneuern 127
Ernst 103
Erobert 129
Eröffnen 55
Erpicht 76
Erraten 46

Erreichen 38, 98, 130
Erscheinen 25, 118
Erscheinung 9
Erschlaffen 44
Erschüttern 58
Ersetzen 109
Ersparen, sich etwas 43
Erstrecken, sich 12
Ertrag 12
Erwähnen 57, 60
Erwarten 14
Erwartung 33, 86, 94
Erwecken 10, 89, 94
Erweisen 79, 83, 84, 90
Erwerben 71
Erwerbszweig 108
Erwidern 72
Erwiesen 120
Erzählen 63
Erzählung 61
Essen 102
Ethik 68
Ewigkeit 14
Existenz 35, 115
Exkurs 61

Fach 54
Fachmann 53
Faden 61
Fähig 97
Fahne 122
Fahneneid 122
Fahrstrecke 130
Fall 30, 37, 60, 75, 125
Fall, zu 120
Fallen 17, 21, 24, 26
Fallen, auf 15
Fallenlassen 43
Familie 17
Fangen 13
Farbe 27
Fassung 58, 95
Fassungsvermögen 45
Fehlen 42, 51
Fehlen, daß 34
Fehler 51
Fehlurteil 120
Feiern 9

137

Feige 96
Fein 26
Feind 92, 126, 127
Feindlich 74
Feindschaft 92
Feindseligkeiten 124
Feld 123
Feldherrnkunst 122
Felsenfest 39
Fernstehen 48
Fesseln 25, 117
Fest 9
Festhalten 50
Festsetzen 59, 109
Feststehen 50
Festung 129
Feuer 13
Feurig 57
Finanziell 106
Finden 56
Finger 21, 97
Flachland 12
Flammen 13
Flanke 127
Flehentlich 82
Fleiß 38
Fliehen 128
Fliehend 129
Fluch 98
Flucht 128
Flügel 125
Fluß, im 30
Flut 11
Fördern 27
Folge 30
Folgen 14, 19, 20
Folgerecht 62
Folter 118
Form 43
Formulieren 56
Fortgehen 12
Fortreißen 90
Fortsetzen 124
Fortwährend 23
Frage 61, 65
Fragen, sich 61
Frei 21
Freimachen 26
Freimachen, sich 44

Freisprechen 99, 120
Frequenz 130
Freude 73, 76, 92, 93
Freudig 88
Freund 90
Freundschaft 90, 91
Frieden 132
Friedensbedingungen 132
Frisch 27
Fristen 18
Froh 92
Frohlocken 95
Front 126
Früh 19
Führen 124
Führer 116
Furcht 96
Furt 125
Fuß 12, 20
Fußstapfen 20
Fußtritt 20

Ganzes 112
Gastlich 102
Gattung 66
Gebete 9
Gebildet 53, 54
Gebrochen 23
Gedächtnis 49, 50
Gedanken 48, 49, 56, 57, 58, 96
Gedankenfreiheit 117
Gedankenlos 70
Gedankenreich 62
Gedankenschwer 58
Gedicht 65
Gedrängt 58
Gefährden 115
Gefährlich 35
Gefängnis 116
Gefahr 34
Gefallen 76
Gefallen, der 72
Gefallen lassen 72
Gefecht 127, 127
Gefechtsbereit 125, 126
Gefühl 88
Gefühllos 88

Gegenstand 55, 60
Gegenteil 35, 52
Gegenteilig 52
Gegner 114
Geheimnis 104
Gehen 43
Gehoben 81
Gehör 26
Gehören zu 66
Gehorsam 116
Geisel 119
Geist 19, 45, 46, 49, 53, 59
Geistesgegenwart 45
Geistig 45
Gelähmt 28
Gelände 12, 124
Geld 108
Geldstrafe 100
Geldverlegenheit 108
Geldwesen 107
Gelegen 12, 124
Gelegenheit 30
Gelehrsamkeit 54
Gelehrt 53, 54
Geleistet 83
Gelind 59
Gelten 69, 70, 76, 110
Geltendmachen 117, 118
Geltung 76
Gelübde 9
Gemeinde 110
Gemeinschaft 72
Gemeinschaftlich 72
Gemeinwohl 114
Gemütlich 56
Genau 54
Geneigt 26, 72, 91
Generation 114
Genesen 28
Genesung 27
Genie 45
Genießen 25, 132
Genugtuung 123
Genuß 44, 92
Gepränge 19
Geraten 106
Gerede 104
Gericht 119
Gerichtlich 75, 118

Gerichtstage 118
Gerichtsvorsitzender 118
Gering 70
Gerücht 104
Gesandtschaft 113
Geschäfte 108
Geschichte 62, 63
Geschichten 50
Geschichtschreiber 63
Geschichtswerk 63
Geschlecht 17
Geschlossen 126
Geschmack 58, 59
Geschmacklosigkeit 58
Geschoß 127
Gesellig 103
Gesellschaft 11
Gesetzlich 117, 118
Gesetzwidrig 117
Gesichtsausdruck 20
Gesichtskreis 12
Gesinnung 97
Gesinnungsgenosse 114
Gesinnungslosigkeit 114
Gespannt 94
Gespräch 103
Gesprächsform 56
Gesucht 59
Gesund 27, 49
Gesundheit 27
Getäuscht 94
Getroffen 13
Geübt 55
Gewählt 58
Gewähren 129
Gewährleisten 119
Gewährsmann 61, 63
Gewalt 116
Gewichtig 58
Gewinn 72, 109
Gewinnen 91, 120, 126
Gewinnen, über sich 40
Gewinnend 103
Gewinnsüchtig 109
Gewissen 85, 96, 97
Gewissenhaftigkeit 132
Gewitzigt 51
Gewöhnlich 30, 58
Gewohnheit 105

Glänzen 79, 87
Glänzend 102
Gläubiger 107
Glanz 58
Glauben 86
Glaubwürdig 63, 86
Gleichgesinnt 70
Gleichkommen 81
Gleichmäßig 57
Glück 32
Glücklich 32
Glück wünschen 33
Gnade 9, 75, 94
Gott 9
Grad 69
Gram 25, 93
Grauenvoll 75
Greifen 51, 61
Greifen, um sich 11
Grillen 89
Gründlich 53, 60, 62, 72
Grund 129
Grund, auf 49
Grundpfeiler 112
Grundsätzlich 39
Grundsatz 39, 40, 114
Günstig 31
Güte 75
Gütlich 131
Gunst 71
Gunstbezeigung 79
Gutgesinnt 73
Gutheißen 76
Gutmachen 99
Gutschreiben 107

Haben 21
Hängen an 73, 91
Hafen 130, 131
Haften 88
Halbgebildet 53
Hals 22, 128
Halt 96
Halten 20, 77, 86, 132
Halten mit 73, 110
Halten, sich 114
Halten, sich an 56
Haltmachen 125

Hand 21, 55
Hand, auf der 62
Handeln 96
Handelsverbindung 108
Handelsverkehr 108
Handgemenge 127
Handhaben 73
Harmonie 10
Haß 92
Hauptaugenmerk 24
Haus 17
Hause, zu 54, 103
Haus und Hof 106
Heben 52
Heer 121
Heerstraße 13
Hegen 76
Heilig 86
Heilung 27
Heilverfahren 27
Heiser 23
Heiß 38, 127
Heldenmut 94
Heldentaten 81
Heldentod 128
Helfen 83, 84
Hell 15
Helm 121
Herabsetzen 81
Herannahen 16
Heraufbeschwören 36
Herausnehmen 95
Herleiern 55
Hernehmen 61
Herrschaft 117
Herrschen 66, 73
Hersagen 26
Herunterkommen 97
Hervorragend 114
Hervorstürzen 25
Hervortreten 23, 61
Herz 24, 53, 80, 85
Herzen, zu 93
Hilfe 84
Hilfreich 9
Himmel 9
Hinaufführen 53
Hinausgehen über 43
Hindernis 35

139

Hineinreichen 11
Hingeben 18, 93
Hingegeben 47
Hinreißen 81, 90
Hinsicht 54, 65
Hinweisen 22
Historiker 63
Historisch 63
Hochachtung 76
Hochfahrend 95
Hochmut 95
Hochsommer 15
Hochverräter 115
Hochverratsprozeß 120
Hochwasser 14
Höchstens 69
Höhe 36
Höhepunkt 30
Höher 54
Hörer 58
Hören 71
Hörensagen 104
Hoffen 93
Hoffnung 93, 94
Hoffnungslos 35
Hof machen 72
Hoheitsvoll 97
Honorar 108
Horizont 12
Humor 59
Hunger 27

Ideal 46, 47, 54, 97, 122
Idealbild 57
Idealstaat 116
Idee 47
Inhalt 117
Inkonsequenz 66
Innenpolitisch 115
Inständig 82
Intensiv 53
Interessant 56, 64, 65
Interesse 54, 73
Interessieren 92
Ironie 59
Irren 51
Irrig 51
Irrtum 51

Jähzornig 90
Jagd 101
Jagen 128
Jahr 15
Jahre 17
Jammer 30
Joch 117
Jugend 17

Kaisertum 116
Kampf 127
Kapitän 130
Kapital 107
Karikatur 58
Kategorie 66
Kehrtmachen 126
Kennen 52, 54
Kenner 51
Kern 47
Kindisch 18
Kläger 119
Klage 120
Klang 78
Klar 61, 131
Klasse 69
Klassifizieren 66
Klassiker 64
Klassikerlektüre 53
Klausel 59
Kleinmütig 96
Kleinmut 96
Klingen 26
Klopfen 101
Klug 71
Knechtschaft 117
Knie 21
König 116
Kommando 122
Kommen 26, 55, 57
Kompetent 71
Komponist 65
Konkret 65
Konsequent 39, 66
Konsequenz 66
Konservativ 115
Kopf 22, 118, 128
Kosmos 10

Kosten 25, 109, 128
Kraft 27, 42
Krank 27
Krankenbett 27
Kredit 107
Krieg 123, 124
Kriegsbedarf 123
Kriegsdienst 121, 123
Kriegserfahrung 123
Kriegsgefahr 123
Kriegskosten 132
Kriegsplan 123
Kriegsruhm 81
Kriegsschauplatz 124
Krise 36
Kriterium 49
Kritisch 65
Kümmern, sich 43
Künstlerisch 97
Kürze 58
Küste 130
Kugelgestalt 10
Kult 9
Kultur 53
Kunst 64
Kunstgriff 120
Kunstleben 64
Kunstwerk 64
Kurs 107, 130
Kurz 60

Lachen 22
Laden, auf sich 81
Lächerlich 81
Lähmen 27
Länge 103
Lässig 59
Lage 31, 35, 42, 106, 113
Lager 125
Land 101, 131
Landen 131
Landschaft 11
Landungsplatz 131
Lange 14
Langwierig 28
Lässig 100
Lassen 14

Last 41
Last, zur 77
Lauern 14
Laune 33, 75
Leben 41, 52, 64, 80, 118
Lebenserfahrung 41
Lebensführung 68
Lebensgefahr 18
Lebensplan 41
Lebenswandel 77
Lebenswille 18
Leck 130
Leer 58
Legen 21
Lehren 64
Leib 18
Leichtfertig 103
Leid tun 93
Leiden 34, 74, 93, 106
Leidenschaft 90
Leidenschaftlich 114
Leihen 107
Leise 52
Leisten 38, 42
Leistungsfähig 41
Leiten 47, 130
Lektüre 56
Lenken 57
Lesen 65
Licht 79
Lieb 91
Lieben 91
Liebling 23, 91
Liefern 61, 126
Liegen 24, 26, 130
Liegen, nach 12
Lindern 93
Linie 126
Liste 119
Literatur 56
Lob 77
Loben 77
Löwe 127
Logik 66
Lohn 82
Los 33
Lüge 98
Luft 51
Lust 24, 93

Machen 22
Macht 31
Märchen 64
Mäßig 54
Mäßigen 14
Mahnen 108
Mal 15
Malen, sich 20
Mangel 10, 85
Mannesalter 17
Manneszucht 123
Marschkolonne 125
Marschordnung 125
Maßregeln 42
Maßstab 69
Materialität 45
Maximalforderung 69
Meinen 73
Meinung 23, 50, 51, 70, 115
Meinungsverschiedenheit 114
Meister 53
Menge 22
Menschengedenken 14
Menschenhand 21
Menschenopfer 10
Menschenverstand 49
Menschenwitz 71
Menschheit 63
Merken 49
Merkmal 97
Methode 68, 115
Methodisch 66
Miene 23
Mieten 108
Mißbilligung 77
Mißbrauchen 85
Mißerfolg 35
Mißglücken 36
Mißliebig 74
Mißlingen 35
Mitleid 91, 92
Mitleidig 91
Mitschuldig 99
Mitte 12
Mitteilen 104
Mitteilung 104
Mittel 84, 85, 106
Mittelweg 69

Mitten in 19
Modulation 22
Möglich 31
Mögliches 42
Mörderisch 127
Monarchie 116
Müde 42
Mühe 42
Mündlich 22
Mund 22, 80
Musik 65
Musiker 65
Muse 44
Mußestunde 55
Mustern 123
Musterung 121
Mut 94, 95
Mutlos 95
Mutlosigkeit 95
Mythisch 63

Nachdenken 48
Nachfolger 112
Nachhut 125
Nachjagen 80
Nachkommen 72
Nachlassen 74
Nachschubschwierigkeiten 122
Nachsicht 76
Nachteilig 36
Nachtragen 82
Nachweisen 61
Nachwelt 78, 80
Näherkommen 52
Nagel 61
Nahe daran 34
Namen 78, 111
Natürlich 19, 58, 64, 129
Natur 10, 45, 129
Naturwissenschaft 10, 64
Nehmen, auf sich 41
Neid 74
Neidisch 74
Neige 15
Neigen 11
Neutral 115, 123
Nichtstun 44

Niederhalten 74
Niederlegen 122, 131
Niedermachen 129
Niedrig 111
Not 106
Notlage 31
Notwehr 116
Nützlich 34
Nutzen 34

Obenhin 60
Oberbefehl 122
Oberflächlich 54
Objekt 67
Objektiv 45
Öffentlich 23, 70, 112, 115
Öffentlichkeit 104, 112
Offen 24, 92
Offensive 124
Offenstehen 11
Ohr 58
Ohren 25
Oligarchie 116
Opfer 128
Opfern 9, 10, 75
Ordnen 66
Organisator 112
Organisch 67
Organismus 27
Originalität 45
Ort und Stelle 12

Pacht 108
Pachten 108
Packen 125
Packend 58
Papier 56
Parole 122
Partei 115
Partei nehmen 73
Passen 31, 70
Pedant 55
Pedantisch 71
Persönlich 9, 35, 92, 111
Person 56, 65, 111
Pfand 119
Pflanzenreich 10
Pflicht 96, 97

Pflichtgetreu 96
Phantasie 46, 48
Phantasieren 46
Philosophisch 55, 67
Physik 10
Plagen, sich 42
Plan 56
Platoniker 55
Platz 111
Poesie 64
Politik 41, 113, 114, 115
Politiker 113, 114
Politisch 114
Populär 56
Posten 125
Prachtvoll 58
Prahlen 22
Praktisch 41, 68
Praxis 41, 114, 118
Predigen 26
Preis 80
Preisen 76
Prinzip 10, 39, 97
Prinzipat 116
Prinzipiell 67
Privatleben 41, 44
Privatrechtlich 118
Privileg 111
Probe 43, 86
Produktiv 46
Produktivität 46
Prosa 64
Protestieren 72
Protokoll 118, 119
Proviant 122
Prozeß 120
Prozeßordnung 118
Publikum 104
Punkt 60

Qualitativ 67
Quantitativ 67
Quelle 30, 62, 63
Quere 74

Rächen 90
Rang 41, 79, 80, 111
Rat 83

Raten 107
Rauben 94
Rechenschaft 77
Rechnen 86, 92
Rechnen, zu 96
Rechnung 69
Recht 118
Rechtfertigen 78
Rechtfertigung 78
Rechtmäßigkeit 118
Rechtspflege 118
Rechtsverletzung 118
Rede, zur 77
Reden 57
Redner 47, 57
Reflexion 47
Reform 67
Regel 57
Rehabilitieren 110
Reichen 21
Reichlich 83
Reif 34
Reinigen, sich 86
Reise 101
Reisen 101
Reisender 101
Reißen, sich 20
Reiterei 125
Relativ 67
Rennen 22
Republik 116
Republikaner 116
Reserven 126
Rest 18
Retten 75, 128
Retter 115
Revolution 115
Revolutionär 115
Rhythmus 59
Richten 23
Richten auf 47
Richten, sich 96
Richterlich 118
Richtstätte 120
Richtung 57, 114
Ringen 19
Riskieren 35
Roh 53
Rolle 41, 111, 114

142

Rücken 23, 126
Rücksicht 32, 59, 69, 78
Rücksichtslos 69
Rückzug 128
Ruder 130
Rudern 130
Rühren 21, 25, 88
Rühren, sich 44
Rüstung 123
Ruf 78, 79
Ruhe 44
Ruhm 78, 80

Sache 32
Sachkenntnis 53
Sättigen 24, 93
Sanft 23
Satz 62, 67
Satzschluß 59
Schaden 36, 84
Schäden 28
Schädigen 74
Schaffen, zu 74
Schande 81
Schanze, schlagen in die 18
Scharf 24
Scharfsinn 66
Scharfsinnig 62
Schatten 80, 87
Schattenbild 80
Schaudern 96
Schauspiel 25
Scheiden 101
Scheinbar 70
Scheingut 70
Scheinkauf 109
Schenken 18, 75
Scherz 103, 104
Schicksal 33, 34, 73
Schicksalsschläge 81
Schieben 99
Schiff 130
Schiffahrt 108
Schimmer 94, 117
Schimpf 81
Schimpfwort 101
Schlacht 126
Schlachtordnung 126

Schlaf 25
Schlafen 25
Schlag 128
Schlagen 28
Schlagfertig 57
Schließen 49, 132
Schlucht 12
Schmählich 37
Schmälern 81
Schmeicheln 26, 72
Schmerz 93
Schmerzlich 93
Schonung 75
Schoß 44
Schräg 12
Schreck 129
Schrecken 96
Schrei 23
Schreiben 56
Schreien 23
Schreiend 98
Schriftlich 56
Schriftsteller 56
Schritt 21
Schüchtern 112
Schuld 99, 108
Schulden 107
Schuldig bleiben 61
Schuldner 107
Schule 55, 68
Schulter 23
Schußweite 127
Schutz 16, 86, 118
Schwach 20
Schwankung 34
Schweben 120
Schwenkung 125
Schwert 121, 122
Schwierigkeit 42
Schwimmen 20
Schwinden 94
Schwören 119, 122
Schwülstig 59
See 130
Seestadt 130
Seewesen 130
Segel 130
Segen 9
Sehen 25, 46

Sehen auf 69, 70
Sehen in 38
Sehnsucht 89
Seite 73
Sekte 55
Selbständig 40, 51, 71
Selbstmord 19
Selbstverständlich 48
Senken 11
Setzen 94
Setzen, an 131
Sicherheit 119
Sichtbar 10, 25
Sieg 129
Sieger 131
Signal 123
Sinken 21
Sinken lassen 95
Sinn 38, 48, 56, 68
Sinne 26
Sinneseindrücke 26
Sinnlich 45, 62
Sinnlos 129
Sitte 105
Sklave 116
Sklaverei 116
Sold 121
Soldat 121
Sommer 15
Sorge 93
Sorgen 122
Sorgfältig 53
Soweit 31
Sparen 42, 109
Spaß 104
Spekulation 67
Spezialist 53
Spiel 35
Spielball 33
Spielen 41, 98
Spiegel 77
Spitze 80, 111, 113
Spitzen 25
Spotten 58
Sprache 57
Sprachgebrauch 59, 105
Sprechen 62, 103
Sprechen, zu 102
Sprechend 46

143

Sprichwort 104
Springen 24
Staat 113
Staatlich 53
Staatsamt 111
Staatsangehörigkeit 110
Staatsdienst 113
Staatsgefährlich 115
Staatsinteresse 115
Staatskosten 113
Staatsleben 112, 113
Staatsmann 113
Staatsoberhaupt 113
Staatsreligion 9
Staatsschatz 113
Stadtgespräch 104
Stand 110
Stark 59
Staunen 77
Stehen 31, 52
Stehen, vor der Tür 15
Stehen, zum 24
Steigen 109
Stelle 43, 44, 58, 80, 112
Stellen 24, 41
Stellung 79, 111, 122, 128
Sterben 18, 128
Sternhell 16
Steuermann 130
Steuer 130
Steuern 130
Stich, im 113
Stil 56, 57, 58, 59
Still 18
Stillen 27, 93
Stillschweigen 76
Stillstand 124
Stillstehen 49
Stimme 22, 23, 70, 117
Stimmen 69, 91
Stimmung 34, 88
Stimmungsumschwung 89
Stirn 23
Stoff 60
Stopfen 22
Strafe 99
Strafen 18, 99
Straffreiheit 100
Straflos 100

Straße 101
Strategie 124
Streich 19
Streifen 66
Strenge 118
Strittig 62
Struktur 115
Studien 54
Studieren 54
Stündlich 15
Stürzen 33, 75
Stürzen, sich 44, 122
Stufe 33, 80, 110
Stumm 35
Sturmzeit 16
Sturmschritt 126
Suchen 18, 19
Summe 98
Sympathisieren 72
System 55, 67, 114
Systematisch 67

Tadeln 77
Tätig 114
Tafel 102
Tag, in den 15
Tagtäglich 15, 127
Taktik 124
Tat 98
Tat, auf frischer 100
Tatsache 61
Taub 26
Teilnehmen 43, 80, 124
Teilweise 28
Tendenz 41, 49
Termin 119, 131
Terminologie 67
Testament 119
Teuer 83, 109
Teuerung 109
Thema 59, 60
Theoretiker 67
Theoretisch 54, 68
Theorie 41, 67
Thron 116
Tief 16, 25
Tiefe 11
Tierreich 10

Todesbecher 19
Todesgefahr 18
Todesstrafe 100
Todesurteil 120
Ton 23
Tor 129
Tot, wie 19
Trachten 18, 47
Traditionell 9
Tränen 25
Tragweite 39
Trauen 85, 86
Trauer 101
Treffen 52, 61, 62
Treffen, sich 33
Treten 20
Treten, vor 26
Treu 56, 97
Treuherzig 58
Triumph 132
Trösten 86
Trost 86
Trümmer 129
Truppen 121, 124
Tüchtig 51
Tür 20, 101
Tun, zu haben 42
Typ 57

Übelnehmen 74
Üben 122
Überbieten 47, 81
Überdenken 47
Überflügeln 80
Überfluß 33
Überführen 119
Übergehen 91
Überhäuft 110
Überlassen 71
Überleben 19
Überlegung 90
Überliefern 63
Überlieferung 63
Übermensch 45
Übermütig 95
Übernatürlich 69
Übernehmen 122
Überqueren 125

144

Überreichlich 82
Überschreiten 69
Überschwemmt 124
Überschwenglich 59
Überstehen 35, 124
Übertäuben 96
Übertönen 26
Übertragen 109, 112
Übertreiben 104
Überwinden 96
Überzeugen 58
Überzeugt 51
Überzeugung 51
Übung 55
Umfang 65, 66
Umfassend 53
Umgang 53, 91, 102
Umkehren 52
Umschlagen 35
Umsicht 42
Umstimmen 89
Umstoßen 117
Umsturz 115
Unantastbar 118
Unaufhaltsam 37
Unbedacht 40
Unbedingt 38
Unbegreiflich 49
Unbeliebtheit 111
Unbeschadet 118
Unbesonnen 57
Unbewußtes 46
Undankbar 82
Unendliches 12
Unentbehrlich 84
Ungeschwächt 27
Ungesetzlich 117
Ungestört 43
Ungestüm 14, 89
Ungesund 12
Ungesucht 58
Ungewiß 52
Unglück 36, 51
Unglücklich 124
Ungültig 117
Ungünstig 36
Ungunst 35
Unheil 85
Unklar 51

Unmensch 88
Unmittelbar 14, 129
Unmöglich 32
Unparteiisch 73
Unpäßlich 28
Unrecht 98
Unrettbar 19
Unrühmlich 19
Unruhe 95
Unruhig 22, 32
Unschlüssig 40
Unschuldig 99
Unselbständig 40
Unsichtbar 45
Unsterblich 79
Unsterblichkeit 79
Unstet 18
Unterbrechen 43
Untergang 16
Untergeordnet 66
Unterhalten 103
Unterhaltung 103
Unterhandlungen 131
Unterlegen 81
Unterliegen 56, 128
Unterredung 104, 131
Unterricht 108
Unterrichten 104
Unterstützen 83
Untersuchen 64, 66
Untersuchung 61, 65, 118
Unterwerfen 51, 131
Unterwerfung 131
Unterworfen 52
Untreu 97
Unverdächtig 87
Unverfälscht 58
Unverhohlen 81
Unvermeidlich 36
Unwahrheit 98
Unwiderruflich 50
Unwiederbringlich 31
Unwillig 93
Unwillkürlich 55
Unwürdig 98
Unzeit 14
Unzufriedenheit 89
Unzugänglich 125
Urlaub 121

Ursache 30
Ursprung 30
Urteil 51, 53, 71, 78, 120
Urteilen 71

Verabreden 14
Verächtlich 82, 113
Veranlassen 39, 83
Veranschaulichung 62
Verantwortung 78, 115
Verbannen 88, 110
Verbeißen 22
Verbessern 106
Verbieten 95
Verbindung 73
Verbreiten 11, 104, 105
Verbreitet 80
Verbrieft 105
Verbringen 44
Verbunden 67
Verdacht 86, 87
Verdächtigen 87
Verdanken 82
Verdeck 130
Verdeckt 126
Verdienen 99, 109
Verdienste 113
Verdingen 108
Verdrängen 41, 111
Verdunkeln 51, 80
Verehrung 9
Vereint 124
Verfahren 118
Verfallen 36
Verfasser 56
Verfassung 112
Verfassungsbruch 115
Verfehlen 38
Verfolgen 129
Verfolgung 129
Verfügung 84, 117
Verführen 98
Vergangen 50
Vergeben 97
Vergehen 37, 64
Vergelten 83
Vergessen 50, 64, 80
Vergessen, nicht 79

Vergießen 128
Vergleich 120
Vergleichen, sich 120
Vergnügen 93
Verhältnis 67
Verhältnisse 36, 114
Verhandlungsgegenstand 57
Verhaßt 73, 74, 92
Verherrlichen 56
Verhüllt 22
Verhüten 9
Verkleinern 80
Verkommen 36
Verlachen 82
Verlängern 119
Verlangen 89
Verlassen 12, 13
Verlassen, sich 86
Verlauf 103
Verlegen 124
Verlegenheit 14, 40
Verleugnen 74, 88, 97
Verleumdung 73
Verlieren 94, 126
Verlust 109
Verluste 128
Vermieten 119
Vermitteln 50
Vermittlung 24
Vermögen 106
Vermuten 49
Vernachlässigen 37
Vernichten 75
Vernünftig 46
Veröffentlichen 56
Verpfänden 119
Verpflegung 122
Verpflichten 72, 86
Verraten 98
Verruf 96
Versäumen 31
Versammelt 112
Verschaffen 31
Verschanzt 125
Verscherzen 76
Verschlagen 131
Verschlimmern 85
Verschlingen 11
Verschmähen 83

Verschuldet 107
Verschwiegen werden 64
Verschwinden 37
Verschwören 39
Versetzen 31, 96
Versiegen 25
Versöhnen 10, 76
Versöhnung 75
Versorgungsschwierigkeit 122
Versprechen 86
Verständnis 113
Verstand 45, 46, 49
Verstecken 13
Versteckt 62
Verstehen 48, 123
Versteigern 108
Verstellen 23
Verstellen, sich 98
Verstimmen 89
Verstreichen 16
Verteidigen 120
Verteidigung 120
Verteilen 43
Vertiefen 67
Vertrag 59, 113
Vertragen sich, 115
Vertrauen 85
Vertraut 53, 91
Vertreiben 28, 106
Vertreten 43
Verüben 98
Verwahrlosen 43
Verwalten 106, 113
Verwehren 102
Verweisen 61
Verwenden 55
Verwenden auf 42
Verzehren, sich 93
Verzeihen 76
Verzicht 43
Verzichten 71, 118
Verzögern 43
Verzweifeln 96
Verzweiflung 96
Vielmals 105
Vielseitig 54
Völlig 54
Volk 111

Volkskunst 111
Volksversammlung 112
Vollenden 56
Vollgepfropft 54
Vollkommen 54
Vollmacht 84
Vollmond 15
Vorangehen 34, 39
Voraus, im 47
Vorausschicken 60
Voraussetzen 119
Voraussicht 71
Vorbeigehen 24
Vorbereiten 57, 123
Vorbild 83, 84
Vorbringen 62
Vordringen 12
Vorgehen 74, 99
Vorkehrung 124
Vorkommen 34
Vorliegen 42
Vornehm 17, 111
Vornehmen 48
Vorrat 111
Vorsatz 38
Vorschlag 84
Vorschreiben 132
Vorsitz 112
Vorsitzender 112
Vorsprechen 55, 119
Vorsprung 13
Vorstellen 46, 48
Vorstellung 9, 47
Vortag 60
Vorteil 34, 35, 109
Vorurteil 71
Vorwärts 21
Vorwand 78, 123
Vorwerfen 77, 98
Vorwurf 66, 77
Vorzeichnen 114
Vorzug 80

Wache 125
Wählerisch 71
Währen 14
Waffe 122
Waffen 122, 131

Waffenfähigkeit 121
Waffengattung 121
Waffengewalt 116
Waffenstillstand 131
Wagen, sich 23
Wahl 31, 85
Wahr 52
Wahrheit 52
Wahrnehmung 45
Wand 101
Wankelmütig 98
Wanken 98
Wechsel 10, 34
Wecken 25
Weg 13, 98, 125
Wege 85
Wege, im 43
Wehren 22
Weichen 22, 128
Weiden 24
Weigerung 32
Weinen 25
Weit 43
Weitblick 114
Weiter 60
Weitermachen 43
Weitläufig 60
Welt 17, 23, 54
Weltall 10
Weltenschöpfer 9
Weltgebäude 10
Weltkenntnis 41
Weltreich 12
Wendepunkt 34
Wendung 36, 127
Werdegang 29
Werden 36
Werfen 24, 127
Werk 56
Wert 91
Wesenszug 64
Wetteifern 81
Wider 40
Widerlegen 62
Widerlegung 62
Widersetzen, sich 74
Widersprechen 39, 52
Widerspruch 52
Widerstand 32, 43

Widerstreben 88
Widmen 41, 44, 56
Widmen, sich 64
Wiederholt 15
Wild 128
Wille 9, 40
Willen 116
Willfährig 72
Windungen 13
Wink 40
Wirklichkeit 52
Wissen 40, 51, 53, 55
Wissen und Willen 37
Wissenschaft 54, 67, 68
Wissenschaftlich 53, 54, 66
Wissenszweige 53
Wissentlich 40
Witz 72, 104
Wortreich 58
Wörtlich 56
Wohl 113
Wohlklang 59
Wohlsein 27
Wohltat 83
Wohltäter 82
Wollen 104
Wort 86, 104
Wortführer 113
Wortgepränge 58
Wortlaut 56
Wortschwall 58
Wucherzins 107
Wuchtig 58
Wünsche 33
Würde 97
Würdevoll 97
Würdigen 24
Wüten 74
Wütend 90
Wunde 28
Wunderbar 49
Wunsch 33, 72
Wurzeln 30
Wut 90

Zahlreich 57
Zahlung 107
Zaun 23
Zeit 31, 62

Zeit, mit der 14
Zeitalter 63
Zeiten, ewige 10
Zeitgeist 32, 58
Zeitgenosse 17
Zeitgeschmack 58
Zeitumstände 32
Zeitverhältnisse 32
Zeitvertreib 44
Zerfallen 73
Zergliedern 66
Zerrbild 58
Zerrissen 88
Zersplittern, sich 42
Zerstören 129
Zertreten 20
Zerwürfnisse 123
Zeuge 119
Zeugenaussagen 119
Zeugnis 63
Ziel 38
Zierde 80, 110
Zins 108
Zinseszins 107
Zivilisation 53
Zivilisten 129
Zoll 113
Zorn 90
Zufall 34
Zufällig 57
Zuflucht 75, 86
Zufrieden 89
Zugänglich 102, 129
Züge 19
Zugeständnis 74
Zugestanden 62
Zugrundegehen 37
Zugrunde liegen 65
Zugrunde richten 115
Zugunsten 71
Zuhörerschaft 57
Zukunft 64
Zuliebe 92
Zunge 23
Zunichte 94
Zurückführen 17, 67
Zurückhalten 25, 89
Zurückkommen 61
Zurücklegen 130

147

Zurückrufen 49
Zurückversetzen 49
Zurückziehen 128
Zurückziehen, sich 128
Zusammenfassen 62, 63
Zusammenhängend 59, 63
Zusammenhang 25, 66, 67
Zusammenkommen 62
Zusammennehmen 97
Zusammenpacken 125
Zusammenschließen 72, 91

Zusammenziehen 121, 125
Zuschulden 99
Zusetzen 77
Zustand 65
Zustandekommen 132
Zustellen 104
Zutritt 102
Zuwenden 54
Zuweisen 41
Zuwider 58
Zuziehen 27, 81, 92

Zuziehen, sich 74
Zwang 74
Zweck 38, 58, 88
Zweifach 55
Zweifel 40, 52
Zweifelhaft 52
Zweifeln 132
Zweifeln an 28
Zweig 55
Zwietracht 73
Zwingen 74